Die Kapitel

Über die Einstiegsseite und die Buchdoppelseiten hinaus enthält jedes Kapitel immer gleiche Strukturelemente.

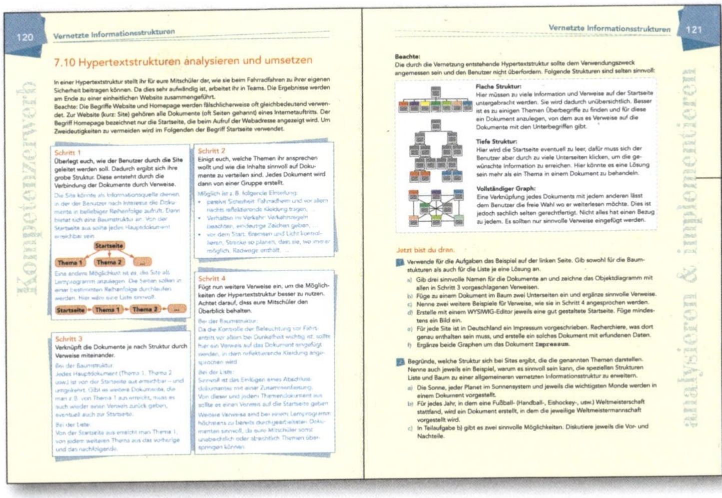

Kompetenzerwerb

Auf dieser Doppelseite stellen wir euch eine ausgewählte Kompetenz, die in diesem Kapitel wichtig ist, vor. Mit der Schritt-für-Schritt-Bearbeitung einer Beispielaufgabe auf der linken Seite, weiteren Tipps und Hinweisen fällt es euch sicherlich leicht, die dazu ähnlichen Aufgaben auf der rechten Seite zu lösen.

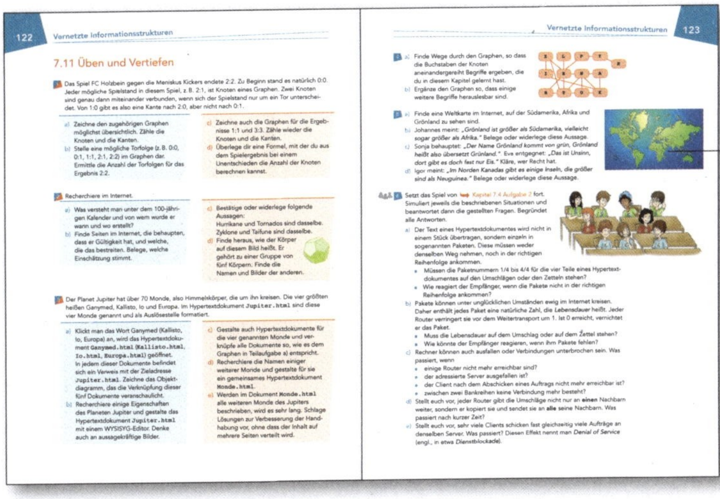

Üben und Vertiefen

Eure in dem vorangegangenen Kapitel erworbenen Kompetenzen könnt ihr hier üben und vertiefen. Denn regelmäßiges Wiederholen ist wichtig.
Es gibt Aufgaben in zwei Schwierigkeitsstufen: **Grundniveau** und **vertieftes Niveau**.

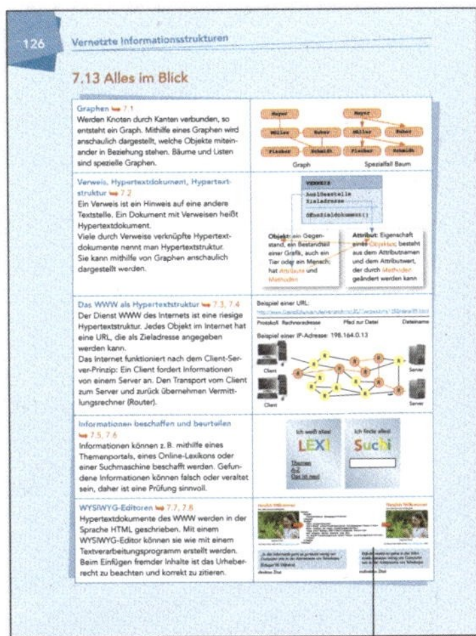

Am Ziel

Sitzen alle wichtigen Grundbegriffe und Basiskompetenzen? Das findet ihr mit der Seite „Am Ziel“ heraus.
Ihr könnt euch selbst kontrollieren. Die Lösungen zu den Aufgaben findet ihr im Anhang. Mithilfe der Tabelle könnt ihr prüfen, was ihr gut könnt und wo ihr noch üben müsst. Ihr findet auch Kapitelverweise zum Nacharbeiten.

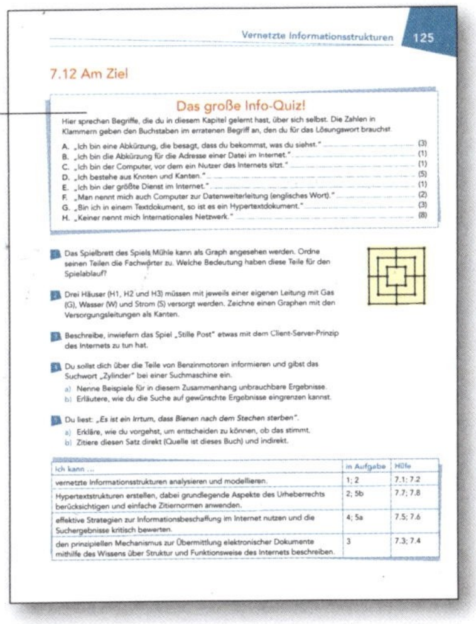

Alles im Blick

Hier wird das grundlegende Wissen kompakt und übersichtlich zusammengefasst. Ideal zum Nachschlagen und Wiederholen.

7

Natur und Technik

Informatik

Herausgegeben von
Dieter Bergmann

Bearbeitet von
Dieter Bergmann
Susanne Ehmann
Christian Fauser
Sebastian Hennekes
Christian Schwarz
Stefan Wessely

C.C.Buchner

Natur und Technik 7

Informatik

Gymnasium Bayern

Herausgegeben von Dieter Bergmann

Bearbeitet von Dieter Bergmann, Susanne Ehmann, Christian Fauser, Sebastian Hennekes, Christian Schwarz und Stefan Wessely

Bitte beachten: An keiner Stelle im Schülerbuch dürfen Eintragungen vorgenommen werden. Das gilt besonders für die Leerstellen in Aufgaben und Tabellen.

Dieser Titel ist auch als digitale Ausgabe **click & study** unter www.ccbuchner.de erhältlich.

Dieses Werk folgt der reformierten Rechtschreibung und Zeichensetzung. Ausnahmen bilden Texte, bei denen künstlerische, philologische oder lizenzrechtliche Gründe einer Änderung entgegenstehen.

Die Mediencodes enthalten zusätzliche Unterrichtsmaterialien, die der Verlag in eigener Verantwortung zur Verfügung stellt.

1. Auflage, 1. Druck 2019
Alle Drucke dieser Auflage sind, weil untereinander unverändert, nebeneinander benutzbar.

Redaktion: Sonja Krause
Layout und Satz: Wildner+Designer GmbH, Fürth
Umschlag: Wildner+Designer GmbH, Fürth
Druck und Bindung: creo Druck & Medienservice GmbH, Bamberg

www.ccbuchner.de

ISBN 978-3-661-**66010**-3

Fit für Klasse 7

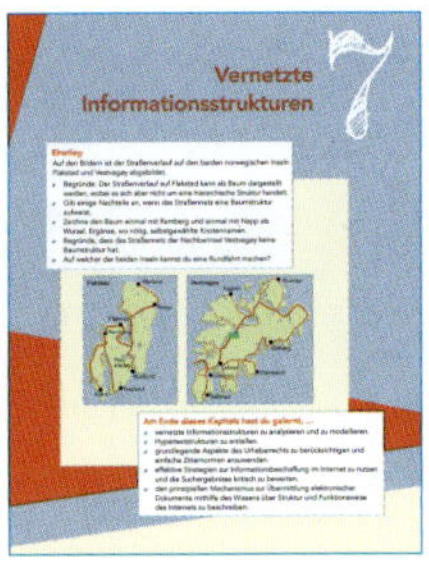

Inhaltsverzeichnis

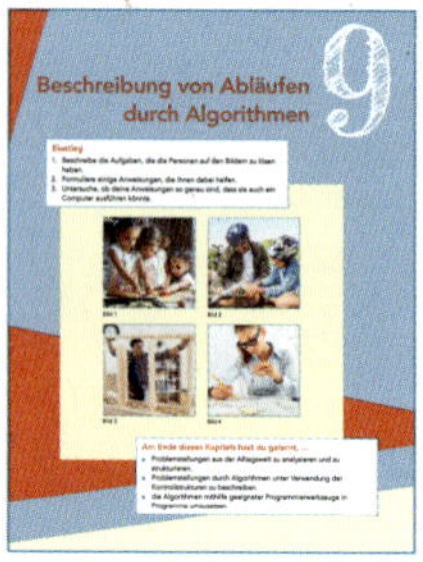

* Zur Bearbeitung des Kapitels 9 „Beschreibung von Abläufen durch Algorithmen" sind die Programmierumgebungen Robot Karol oder Scratch geeignet und für den Unterrichtseinsatz vorgesehen.
Entsprechend werden die Kapitel 9.3 bis 9.9 in jeweils zwei Varianten angeboten, wobei die für Scratch geeigneten an einem Sternchen erkennbar sind.

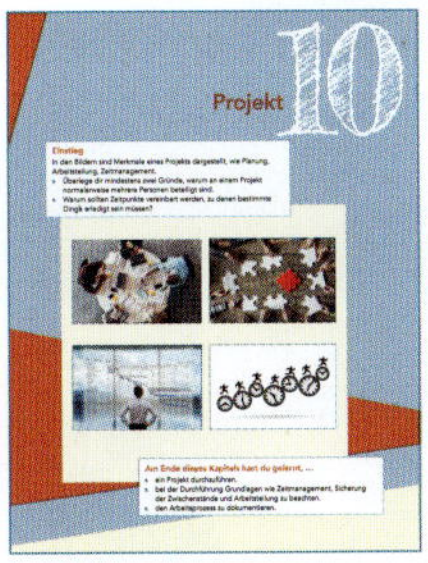
Projekt
10

Informatik und Information

Die Informatik beschäftigt sich unter anderem mit der Übertragung und Speicherung von Informationen. Eine Information ist das Wissen über etwas oder jemanden.

Information und Automatik
Informatik

Darstellung und Interpretation von Informationen

Da eine Information nicht direkt an einen Empfänger gelangen kann, muss sie in einer Form dargestellt werden, in der sie übertragen werden kann.
Der Empfänger interpretiert dann die Darstellung, d.h. er versucht aus der Darstellung die Information zu entnehmen.

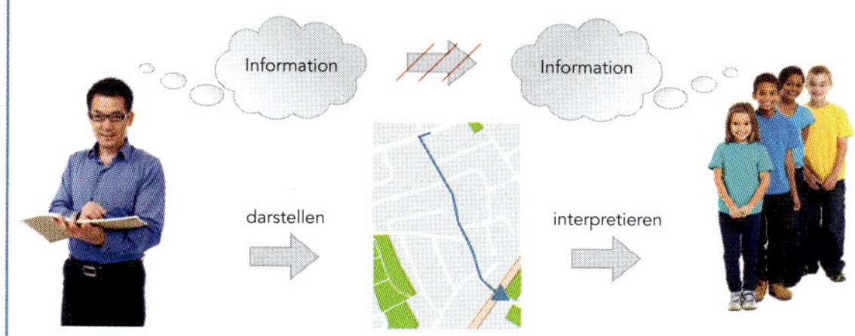

Darstellungsmöglichkeiten

Außer der im Unterricht häufig verwendeten Form eines Gesprächs (mündliche Darstellung), können Informationen auf weitere vielfältige Weise dargestellt werden, z.B.:

- Bild
- geschriebener Text
- Diagramm
- Kombination mehrerer Möglichkeiten

Können mit einer Möglichkeit nicht alle nötigen Informationen dargestellt werden, so werden mehrere genutzt. Auch die Reihenfolge dieser Darstellungen kann eine Information beinhalten.

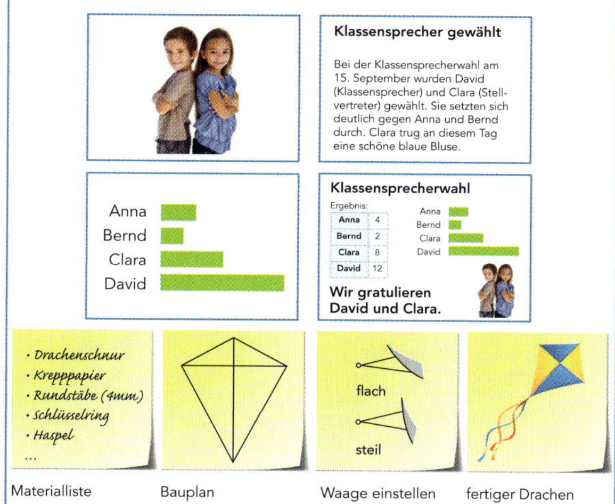

Wiederherstellung von Information

Oft werden nicht alle Teilinformationen dargestellt, die für den Anwendungszweck wichtigen Informationen müssen jedoch enthalten sein.
Fehlen zu viele Teile, kann die ursprüngliche Information nicht wiederhergestellt oder die Darstellung falsch interpretiert werden.

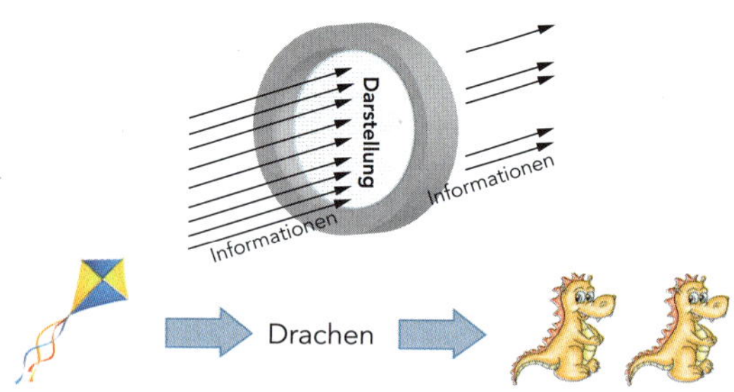

Bewusstes Weglassen unwichtiger Teilinformationen

Unwichtige Teilinformationen werden manchmal bewusst nicht dargestellt.
Gründe dafür sind:

- Unwichtige Teilinformationen lenken von den Wichtigen nicht ab.
- Wichtige Teilinformationen werden hervorgehoben.

Das genaue Aussehen der Verkehrsampel wurde weggelassen.

Dokumente und Dateien

Was mithilfe von Programmen erarbeitet wird, nennt man ein Dokument. Dokumente werden im Arbeitsspeicher abgelegt und verwaltet. Da der Arbeitsspeicher beim Ausschalten des Computers seine Information verliert, müssen Dokumente vorher gespeichert werden. Beim Speichern werden die Dokumente in einen anderen Speicher (genannt Massenspeicher) übertragen, der seine Information ohne Stromversorgung nicht verliert. Beim Speichervorgang wird eine Datei erzeugt, in der der Inhalt des Dokuments in einer für den Computer lesbaren Form dargestellt wird. Den umgekehrten Vorgang nennt man Öffnen der Datei.

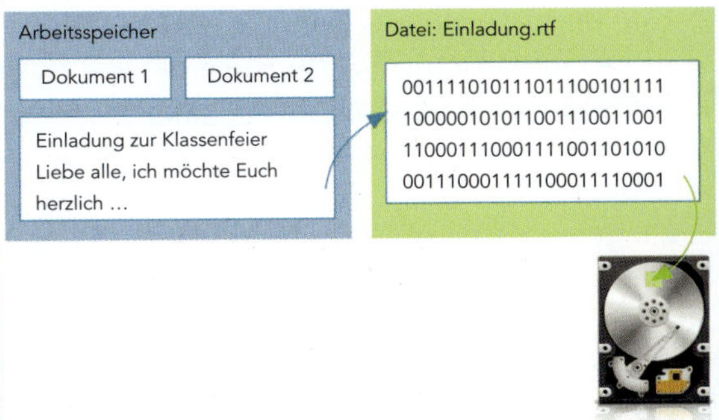

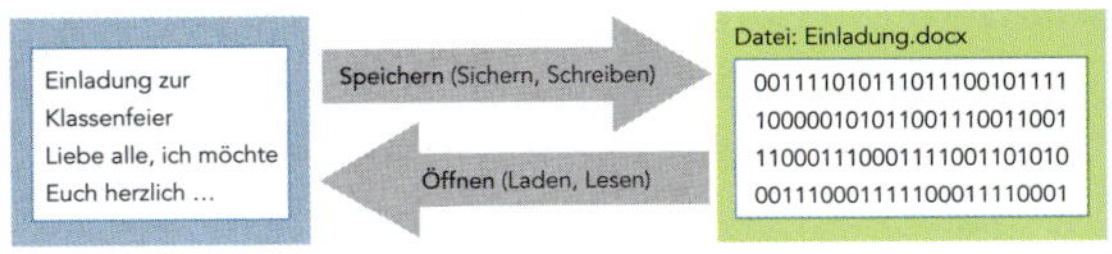

Die Zwischenablage

Die Zwischenablage ist ein besonderer Speicherbereich in einem Computer. Sie ist dazu gedacht, Inhalte kurzfristig zu speichern. Damit können sie an andere Stellen kopiert oder verschoben werden. Die Übertragung von Inhalten kann z. B. durch einen Rechtsklick und der Auswahl einer der folgenden Menüpunkte erreicht werden.

- **Ausschneiden** entfernt markierte Inhalte aus dem Dokument und fügt sie in die Zwischenablage ein.
- **Kopieren** wirkt wie Ausschneiden, nur wird im Dokument nichts entfernt.
- **Einfügen** fügt eine Kopie des Inhalts der Zwischenablage in das Dokument ein.

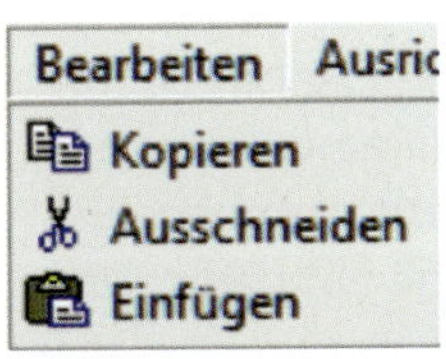

Verschieben = Ausschneiden + Einfügen

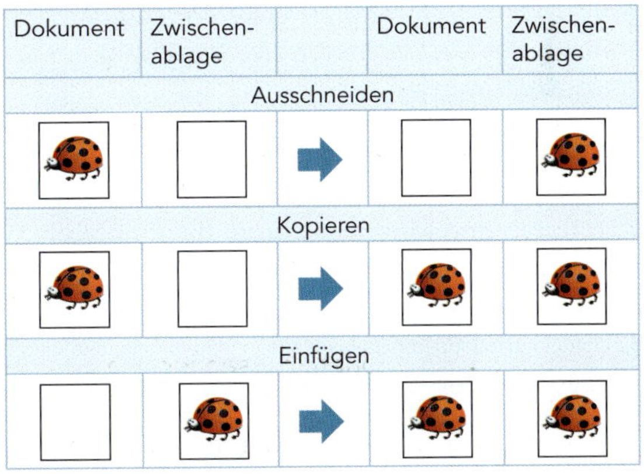

Ordner

Da moderne Massenspeicher enorm viele Dateien speichern können, ist es schwierig die Übersicht zu behalten. Daher ist es möglich Ordner anzulegen, die Dateien und andere Ordner enthalten können. Die dadurch entstehende Ordnerstruktur kann mit einem Dateimanager verwaltet werden.

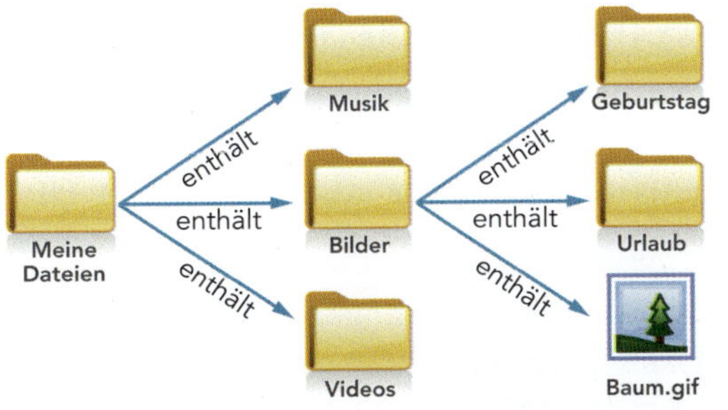

Objekte

Dinge, Pflanzen, Lebewesen usw., nennt man in der Informatik Objekte. Sie haben einen eindeutigen Namen, den Objektnamen.

Attribute

Die Eigenschaften von Objekten nennt man Attribute. Ein Attribut besteht aus dem unveränderlichen Attributnamen und dem Attributwert, der geändert werden kann.

Smiley1

Attribut	Attributwert
Füllfarbe	gelb
Linienfarbe	schwarz
Radius	1cm

Punktschreibweise

Mit der Punktschreibweise
`Objektname.Attributname = Attributwert`
wird ausgedrückt, welches Attribut im Moment welchen Wert bei einem Objekt hat.

```
Rechteck2.Länge = 1,5cm
Bello.Alter = 2 Monate
Smiley1.Füllfarbe = gelb
Smiley1.Radius = 1cm
```

Botschaften und Methoden

Objekte können Handlungen durchführen, die Methoden heißen. Sind weitere Angaben nötig, so erfahren sie diese durch Parameterwerte in den Klammern nach dem Methodennamen. Ein Objekt führt eine Methode nur dann aus, wenn es durch eine Botschaft dazu aufgefordert wird. Diese Ausführung nennt man auch Methodenaufruf. Methodenaufrufe können mithilfe der Punktschreibweise eindeutig dargestellt werden.

Botschaft:

Methodenaufruf:

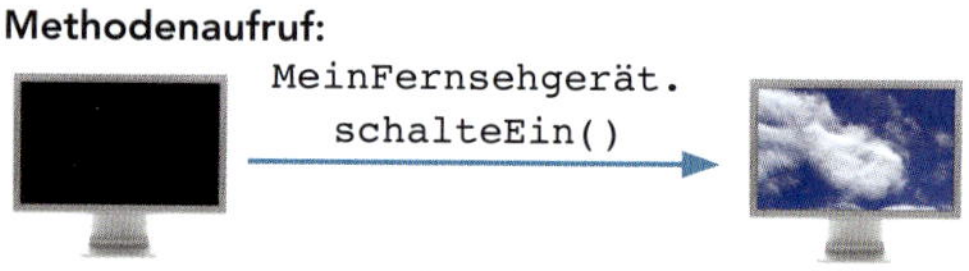

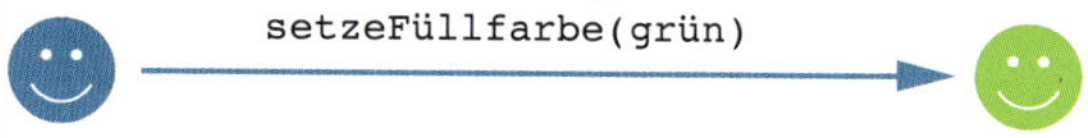

Klassen

Klassen sind Baupläne für Objekte mit gleichen Attributen und Methoden, aber nicht notwendigerweise gleichen Attributwerten!

Klasse	mögliche Objekte
RECHTECK	
SMILEY	

Objekt- und Klassenkarten

In Objektkarten stehen der Name und die Klasse sowie alle Attribute und die zurzeit gültigen Attributwerte eines Objekts.
Die Klassenkarte gibt an, welche Attribute und Methoden alle Objekte dieser Klasse haben.

Quadrat5: QUADRAT
Farbe = rot

QUADRAT
Farbe
setzeFarbe(neueFarbe)

Vektorgrafikdokumente

In Vektorgrafikdokumenten gibt es Objekte der Klassen `RECHTECK`, `ELLIPSE`, `LINIE` und `TEXTFELD`.

Methoden: `dreheUm(Winkel)`, `verschiebeUm(x;y)`, …

Pixel und Pixelgrafikdokumente

In Pixelgrafikdokumenten gibt es nur Objekte der Klasse `PIXEL`.

PIXEL
Farbe
setzeFarbe(neueFarbe)

Enthält-Beziehung

Es gibt Objekte, die andere Objekte enthalten. Diese Enthält-Beziehung kann auch mehrmals angewendet werden.
In verschiedenen Objekten kann es Teilobjekte gleichen Namens geben.

Das Objekt `Lok1` …
… enthält das Objekt `Kessel`.
… enthält das Objekt `Rad2`

Das Objekt `Lok2` …
… enthält das Objekt `Kessel`.
… enthält das Objekt `Rad2`.

Das Objekt `Lok1` enthält das Objekt `Führerhaus`.
Das Objekt `Führerhaus` enthält das Objekt `Fenster`.

Punktschreibweise

Die Punktschreibweise kann durch den Namen des übergeordneten Objekts erweitert werden. Damit wird verdeutlicht, welches Objekt welche Teilobjekte enthält. So können auch Objekte gleichen Namens eindeutig bezeichnet werden, z. B.: `Lok1.Kessel` und `Lok2.Kessel`
Das Anhängen von Attribut- oder Methodennamen ist weiterhin möglich.

```
Lok1.Kessel.Farbe = schwarz
Lok1.Rad2.Farbe = schwarz
Lok1.Rad2.setzeFarbe(rot)
Lok1.Führerhaus.Fenster.Farbe = weiß

Lok2.Kessel.Farbe = rot
Lok2.Rad2.Farbe = grau
Lok2.Rad2.setzeFarbe(grün)
Lok2.Führerhaus.Fenster.setzeFarbe(grau)
```

Objektdiagramme

Objektdiagramme stellen z. B. die Enthält-Beziehung zwischen *bestimmten* Objekten dar. Sollen nur die Beziehungen verdeutlicht werden, können die Attribute auch weggelassen werden. Die Verbindungen zwischen den Objektkarten heißen Kanten. Die Bedeutung der Beziehung wird mit der Leserichtung an den Kanten oder in einer Legende angegeben.

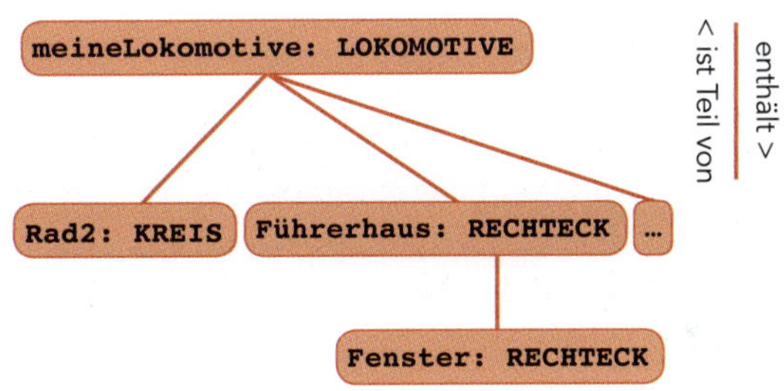

Klassendiagramme und Beziehungen

Während Objektdiagramme sich auf *ein bestimmtes* Objekt beziehen, beschreiben Klassendiagramme z.B. die Enthält-Beziehung *beliebiger* Objekte dieser Klassen.

Die Form der Kanten bedeutet:

Ein Objekt der Klasse `A` enthält *genau ein* Objekt der Klasse `B`. Ein Objekt der Klasse `B` ist Teil von *genau einem* Objekt der Klasse `A`.

Ein Objekt der Klasse `A` enthält *beliebig viele* Objekte der Klasse `B`. Ein Objekt der Klasse `B` ist Teil von *genau einem* Objekt der Klasse `A`.

Auch bei Klassendiagrammen wird die Bedeutung der Beziehung mit der Leserichtung an den Kanten oder in einer Legende angegeben.

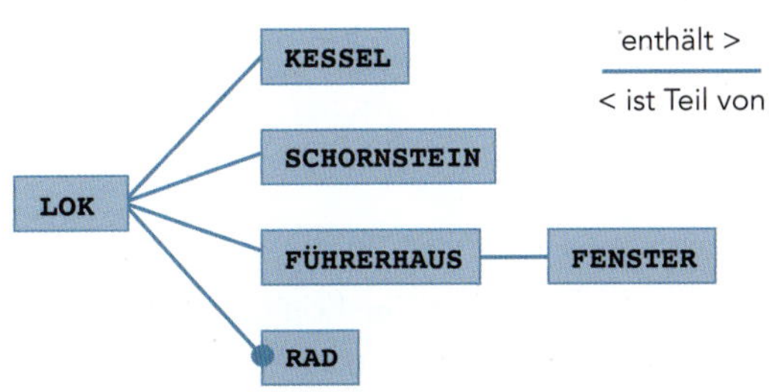

Eine Lok enthält *genau einen* Kessel.
Ein Kessel ist Teil von *genau einer* Lok.

Eine Lok enthält *beliebig viele* Räder.
Ein Rad ist Teil von *genau einer* Lok.

Textverarbeitungsprogramme und Textdokumente

Mithilfe von Textverarbeitungsprogrammen können Informationen in Textdokumenten dargestellt werden.

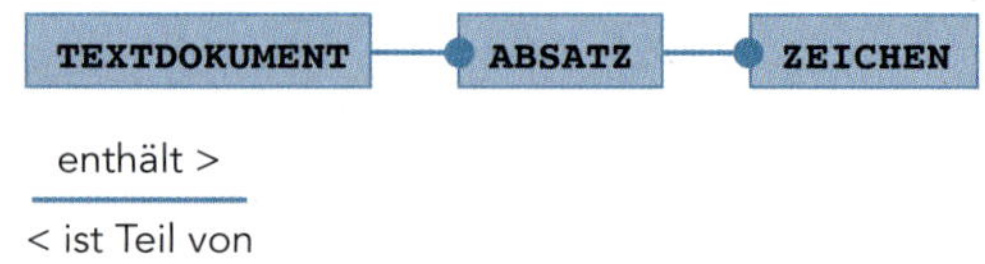

Die Klasse `TEXTDOKUMENT`

Wichtige Attribute dieser Klasse sind:

- `Papierformat` (Attributwert meist `DIN A4`)
- `Ausrichtung` (mögliche Attributwerte: `Hochformat` oder `Querformat`)
- die Seitenränder: `SeitenrandLinks`, `SeitenrandOben`, `SeitenrandRechts` und `SeitenrandUnten`

Der Bereich, der nach dem Verkleinern der Fläche eines Blattes um die Attributwerte der einzelnen Seitenränder (z. B. `1,5 cm`, `1,5 cm`, `1 cm`, `2 cm`) übrigbleibt, heißt Satzspiegel.

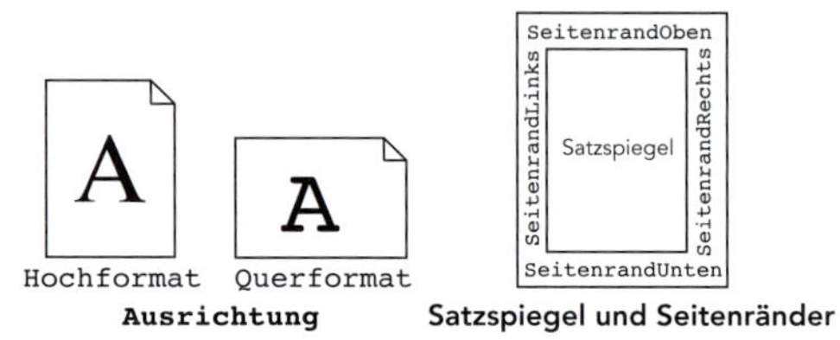

Die Klasse `ABSATZ`

Wichtige Attribute dieser Klasse sind:

- `Ausrichtung` (mögliche Attributwerte: `linksbündig`, `zentriert`, `rechtsbündig`, `Blocksatz`)
- die Einzüge `EinzugLinks`, `EinzugRechts`, `EinzugErsteZeile`: Sie bestimmen die Abstände des Textes vom Satzspiegel.
- `Zeilenabstand` (möglicher Attributwert: `1,5-fach`)

Die Klasse `ZEICHEN`

Wichtige Attribute dieser Klasse sind:

- `Inhalt`: Es legt fest, welches Zeichen dargestellt wird.
- `Schriftart`: Es bestimmt überwiegend, wie ein bestimmtes Zeichen dargestellt wird. Wichtige Gruppen von Schriftarten sind die Serifenschriften und Proportionalschriften.
- `Schriftgröße`: Es bestimmt die Darstellungsgröße und wird in Punkt angegeben.

Inhalt:	A Z 1 9 ! ? & – @ ☺
Schriftarten:	H H H H H H
Schriftgrößen: (1 Punkt ≈ 0,35 mm)	8 Punkt 12 Punkt 20 Punkt

Boolesche Attribute

Attribute, die nur zwei Werte annehmen können, nennt man boolesche Attribute. Je nach Zusammenhang nennt man die Attributwerte z. B. `ja/nein`, `ein/aus`, `wahr/falsch`.
Boolesche Attribute der Klasse `ZEICHEN`: `Fettschrift`, `Kursivschrift`, `Proportionalschrift`, `Serifenschrift` usw.

	wahr	falsch
Fettschrift	**A**	A
Kursivschrift	*A*	A
Proportionalschrift	mmm iii	mmm iii
Serifenschrift	A Serife	A

Multimediadokumente

Multimediadokumente werden mit Präsentationsprogrammen erstellt.
Ein Objekt der Klasse `MULTIMEDIADOKUMENT` enthält *beliebig viele* Objekte der Klasse `FOLIE`.
Ein Objekt der Klasse `FOLIE` enthält *beliebig viele* Objekte der Klassen `TEXTFELD`, `VIDEO`, `LINIE` usw.

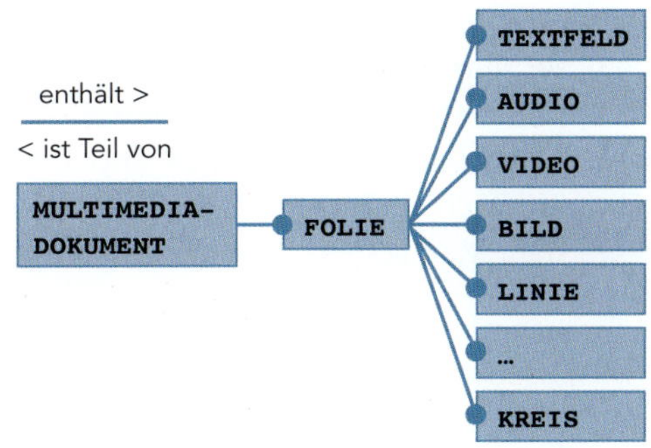

Bearbeitungs- und Vorführmodus

Im Bearbeitungsmodus werden Folien erzeugt, verändert und gelöscht, sowie Animationen eingestellt.
Die Präsentation erfolgt im Vorführmodus. Dabei wird für jede Folie die Methode `zeigeFolie()` aufgerufen und die Animationen ausgeführt.

Zuschaueransicht im Vorführmodus

Referentenansicht

Folien

Auf einem Objekt der Klasse `FOLIE` können zur Informationsdarstellung unterschiedliche Arten verwendet werden. Die Informationen sollten jedoch thematisch zusammengehören. Die Objekte auf einem Folienobjekt können beliebig angeordnet und die Folie selbst nach eigenen Vorstellungen formatiert werden, z. B. durch einen passenden Hintergrund.

FOLIE
Füllung Füllfarbe Füllmuster Hintergrundbild Folienübergang Übergangsklang Anzeigedauer ...
zeigeFolie() ...

Folienübergänge

Während einer Präsentation muss die nächste Folie nicht einfach so erscheinen. Der Folienübergang kann z. B. durch den Effekt der Überblendung erfolgen oder die neue Folie schiebt sich über die vorhergehende.
Zudem ist es möglich dabei Klänge anzuspielen.

Animationen

Durch Animationen können Objekte auf Folien erscheinen, verschwinden, sich bewegen sowie hervorgehoben dargestellt werden.

Ordner und Dateien, Dateisystem

Beim Speichern eines Dokuments entstehen Objekte der Klasse `DATEI`. Um bei vielen Dateien die Übersicht nicht zu verlieren, können Objekte der Klasse `ORDNER` angelegt und Dateien auch in diesen Ordnern gespeichert werden. Man spricht dann von einem Dateisystem.

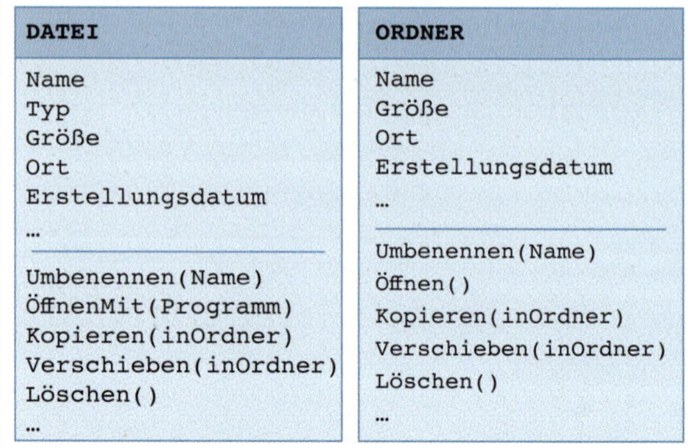

Das Klassendiagramm des Dateisystems

Ein Objekt der Klasse `ORDNER` kann *beliebig viele* Objekte der Klasse `ORDNER` und *beliebig viele* Objekte der Klasse `DATEI` enthalten. Jedes Objekt der Klasse `ORDNER` (bis auf eines) und jedes Objekt der Klasse `DATEI` sind in *genau einem* Ordner.

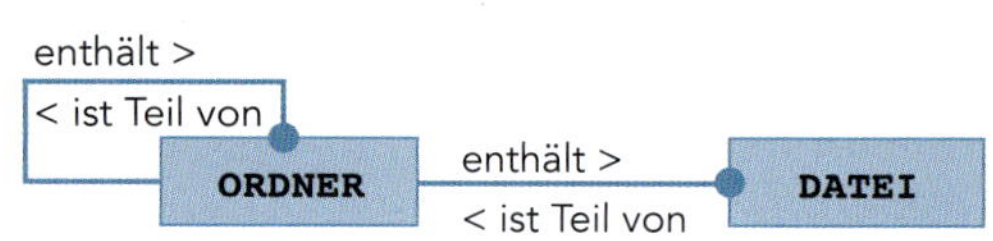

Rekursive Beziehung

Stehen Objekte in Beziehung zu anderen Objekten derselben Klasse, so spricht man von einer rekursiven Beziehung.

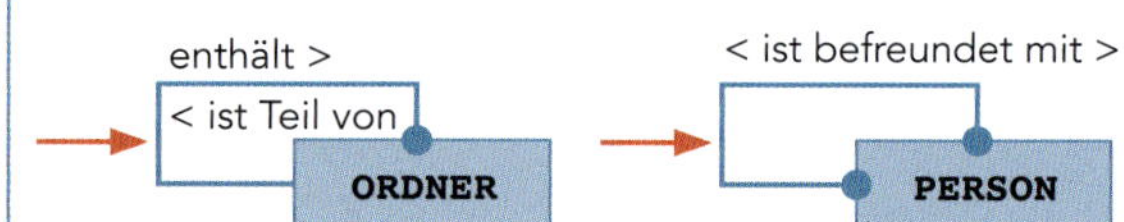

Bäume

Besteht zwischen Objekten eine Enthält-Beziehung, bei der jedes Objekt *bis auf eines* Teil von *genau einem* übergeordneten Objekt ist, so ist das Objektdiagramm ein Baum.
Das Objekt, das in keinem anderen enthalten ist, nennt man die Wurzel des Baumes.

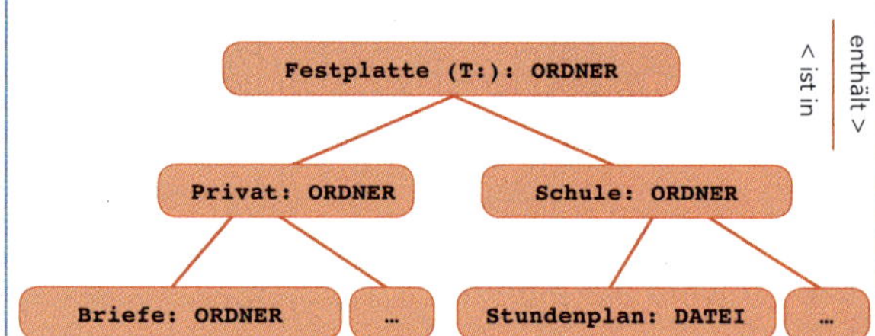

Hierarchische Strukturen

Lassen sich Beziehungen zwischen Objekten (Klassen) als Baum darstellen, so bilden sie eine hierarchische Struktur.
Ein Weg in Pfeilrichtung zwischen zwei Objekten (Klassen) heißt Pfad. Er wird in der Punktschreibweise angegeben.
Beginnt der Pfad an der Wurzel, so heißt er auch absolut, sonst relativ.

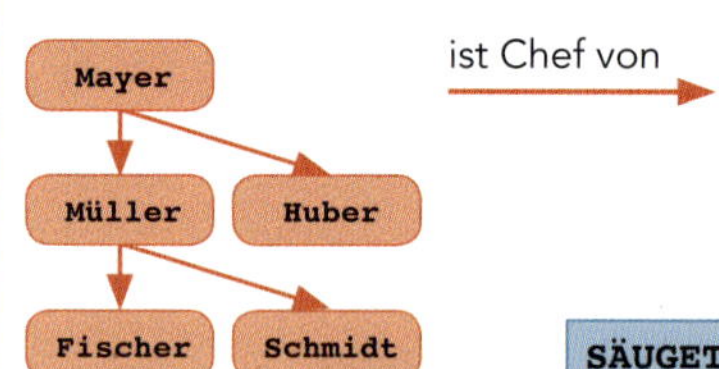

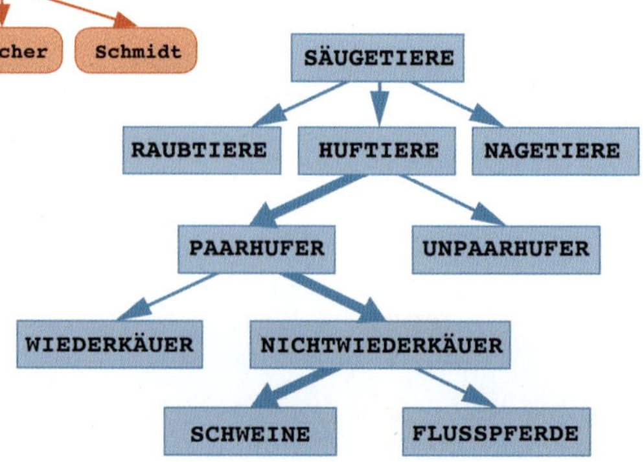

relativer Pfad von `HUFTIERE` zu `SCHWEINE`:
`HUFTIERE.PAARHUFER.NICHTWIEDERKÄUER.SCHWEINE`

Vernetzte Informationsstrukturen

7

Einstieg

Auf den Bildern ist der Straßenverlauf auf den beiden norwegischen Inseln Flakstad und Vestvagøy abgebildet.

- Begründe: Der Straßenverlauf auf Flakstad kann als Baum dargestellt werden, wobei es sich aber nicht um eine hierarchische Struktur handelt.
- Gib einige Nachteile an, wenn das Straßennetz eine Baumstruktur aufweist.
- Zeichne den Baum einmal mit Ramberg und einmal mit Napp als Wurzel. Ergänze, wo nötig, selbstgewählte Knotennamen.
- Begründe, dass das Straßennetz der Nachbarinsel Vestvagøy keine Baumstruktur hat.
- Auf welcher der beiden Inseln kannst du eine Rundfahrt machen?

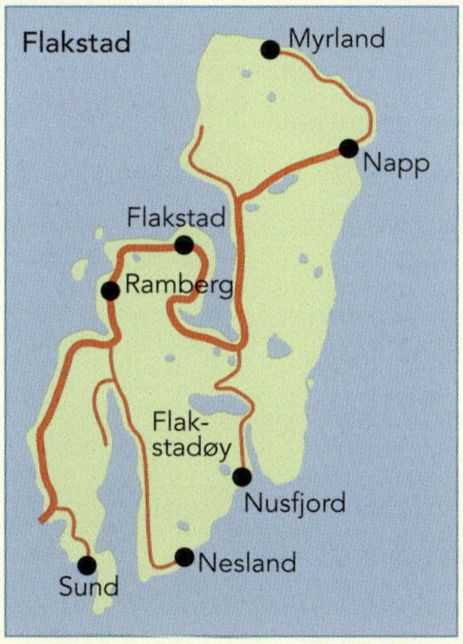

Am Ende dieses Kapitels hast du gelernt, …

- vernetzte Informationsstrukturen zu analysieren und zu modellieren.
- Hypertextstrukturen zu erstellen.
- grundlegende Aspekte des Urheberrechts zu berücksichtigen und einfache Zitiernormen anzuwenden.
- effektive Strategien zur Informationsbeschaffung im Internet zu nutzen und die Suchergebnisse kritisch zu bewerten.
- den prinzipiellen Mechanismus zur Übermittlung elektronischer Dokumente mithilfe des Wissens über Struktur und Funktionsweise des Internets zu beschreiben.

7.1 Graphen

Dieser historische Plan zeigt die Innenstadt von Königsberg (Ostpreußen) mit den Brücken unter anderem zur Insel Kneiphof.

- Welche Information stellen die roten Linien dar? Zeichne die Linien gerade und ordne die Kreise übersichtlich an.
- Begründe oder widerlege: Die Linien und Punkte bilden einen Baum.
- Kannst du einen Rundweg finden, der über jede Brücke genau einmal führt?

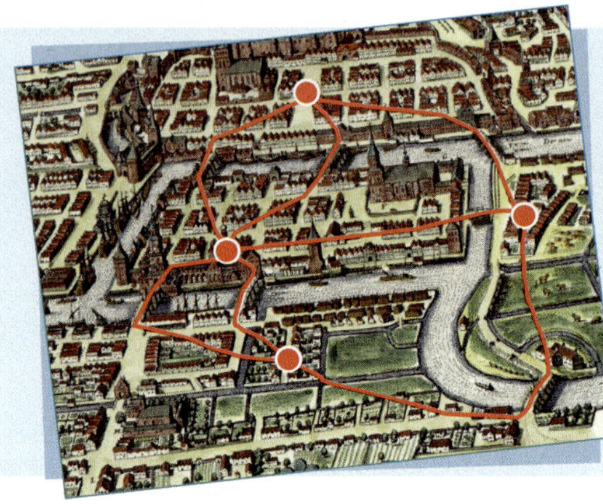

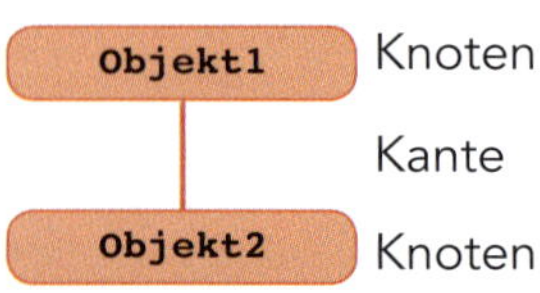

Haben alle Kanten dieselbe Bedeutung, so kann diese anstatt an jeder Kante auch in einer Legende angegeben werden.

Graphen

Die Beziehung zwischen Objekten kann in einem Objektdiagramm (W4) dargestellt werden. Im ersten Objektdiagramm rechts wird z. B. dargestellt, welche Personen miteinander befreundet sind. Eine solche Darstellung, in der Knoten durch Kanten verbunden sind, heißt **Graph**.

Die Beziehung „ist befreundet mit" gilt in beide Richtungen: Wenn Mayer mit Müller befreundet ist, so ist auch Müller mit Mayer befreundet. Solche Beziehungen und die zugehörigen Graphen nennt man **ungerichtet**.

Kann eine Beziehung nur in einer Richtung bestehen (steht Mayer im Alphabet vor Müller, dann kann nicht auch Müller im Alphabet vor Mayer stehen), so nennt man die Beziehung und Graphen, die ausschließlich solche Beziehungen darstellen, **gerichtet**. In diesem Fall werden Kanten oft als Pfeile dargestellt.

Je nach Bedeutung der Beziehung entstehen verschiedene Graphen, auch wenn es sich um die gleichen Objekte handelt. Die Beziehung „… steht im Alphabet vor …" liefert eine Liste, „… ist Chef von …" einen Baum. Bäume (W7) und Listen sind Spezialfälle von Graphen.

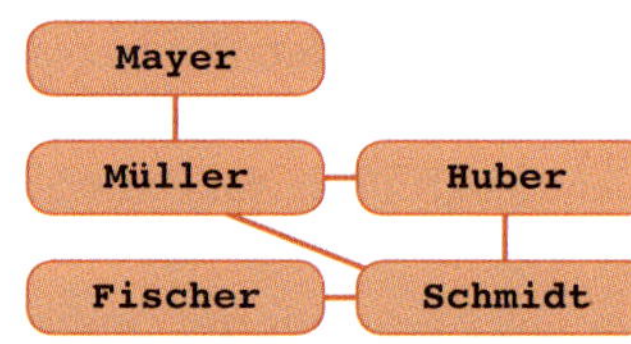

bedeutet: „… ist befreundet mit …"

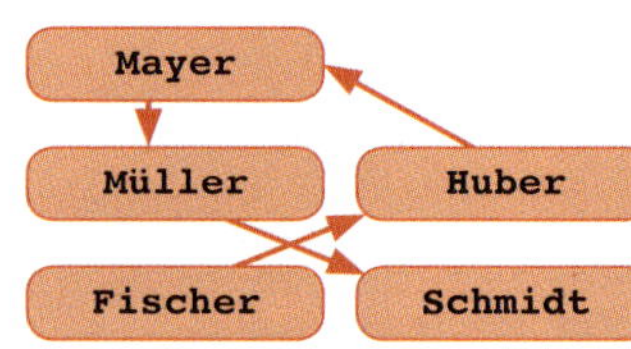

bedeutet: „… steht im Alphabet vor …"

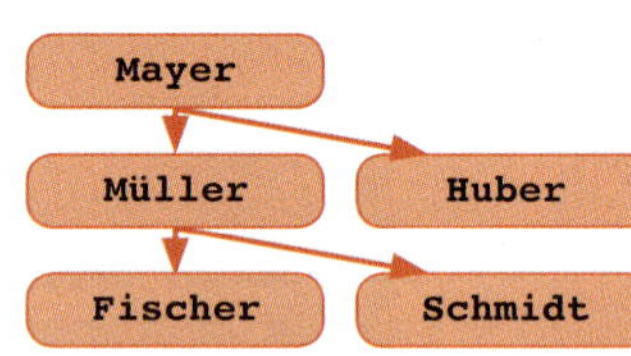

bedeutet: „… ist Chef von …"

Weitere Beispiele für Graphen

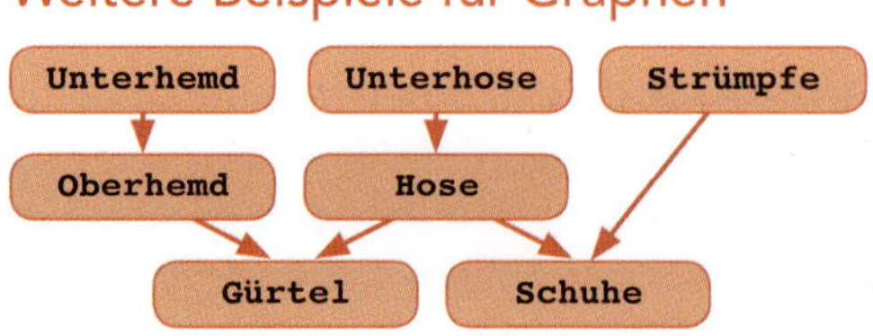

Knoten: Kleidungsstücke
Kanten: Reihenfolge beim Anziehen

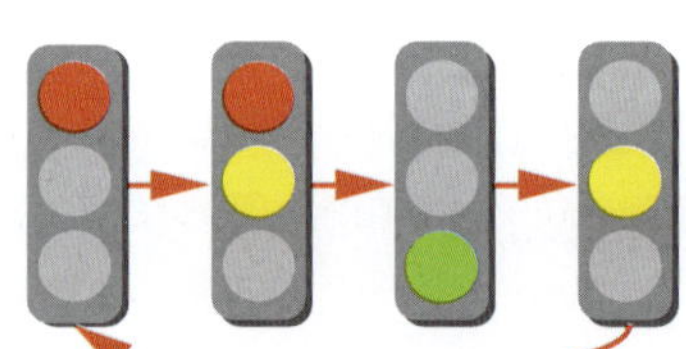

Knoten: Phasen einer Verkehrsampel
Kanten: Übergang zur nächsten Phase

Merke

Werden Knoten durch Kanten verbunden, so entsteht ein **Graph**. Damit wird anschaulich dargestellt, welche Objekte miteinander in Beziehung stehen.
Gilt eine Beziehung nur in eine Richtung, so heißt sie **gerichtet** und wird oft mit einem Pfeil dargestellt. Andernfalls nennt man sie **ungerichtet**. Listen und Bäume sind spezielle Graphen.

Aufgaben

1 Erstelle in einem Textverarbeitungs- oder Vektorzeichenprogramm fünf Textfelder mit den Nachnamen auf der linken Seite. Zeichne die Kanten als Pfeile so ein, dass eine alphabetisch sortierte Liste entsteht.

a) Ergänze in der Struktur die Nachnamen Adam, Kaiser und Schneider.
b) Überlege dir zwei weitere Bedeutungen für die Kanten, so dass auch bei diesen Bedeutungen eine Liste entsteht.
c) Bearbeite eine Kopie der Struktur aus Aufgabe a) so, dass die Kanten Freundschaften repräsentieren. Ergänze, dass auch Adam und Müller, Adam und Schmidt, Kaiser und Schmidt, Kaiser und Schneider sowie Schneider und Mayer miteinander befreundet sind. Begründe, wie man aufgrund des Graphen auf besonders beliebte (unbeliebte) Personen schließen kann.

2 Im Graphen rechts sind zwei Knoten durch eine Kante verbunden, wenn sich die Wörter um genau einen Buchstaben unterscheiden.

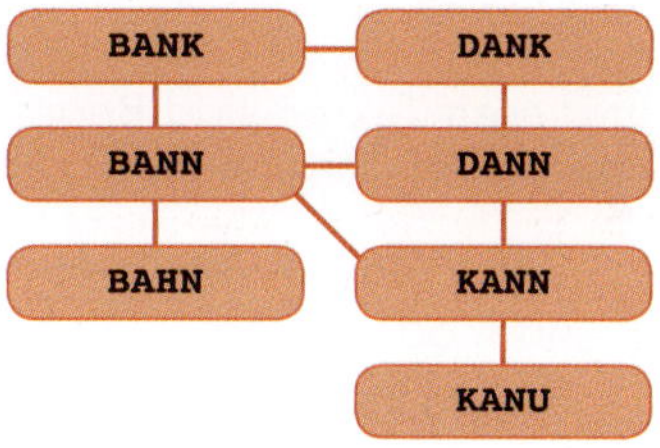

a) Zeichne den Graphen mit einem Textverarbeitungs- oder Vektorzeichenprogramm. Benutze jeweils Textfelder.
b) Ergänze den Graphen durch weitere Wörter.
c) Erstelle nach diesem Schema, nun beginnend mit einem anderen selbst gewählten Wort, einen neuen Graphen. Du kannst auch zulassen, dass genau ein Buchstabe eingefügt oder weggelassen werden darf (z. B. AST – LAST).

3 In der Karte sind die Regierungsbezirke Bayerns zu sehen. Benutze bei der Bearbeitung dieser Aufgabe die Abkürzungen Ufr, Ofr, Mfr, OPf, Schw, OB und NB.

a) Zeichne einen Graphen, in dem die Knoten die Regierungsbezirke repräsentieren und eine Kante genau dann existiert, wenn diese beiden Bezirke eine gemeinsame Grenze haben.
b) Stelle den Graphen aus Aufgabe a) tabellarisch dar (siehe Abbildung rechts). In der ersten Zeile und Spalte stehen jeweils die Regierungsbezirke. Eine Kante zwischen zwei Bezirken im Graphen wird in der Tabelle durch ein Kreuz in der entsprechenden Zelle verdeutlicht.
c) Die Tabelle ist achsensymmetrisch zur Diagonalen von links oben nach rechts unten. Begründe, warum das so sein muss.

	Mfr	NB	OB	…
Mfr				
NB			x	
OB		x		
…				

4 Zeichne einen Graphen mit den Knotennamen 2 bis 13. Verbinde zwei Knoten genau dann mit einem Pfeil, wenn die erste Zahl ein Teiler der zweiten ist. Gib an, wie man Zahlen nennt, an deren Knoten kein Pfeil endet.

7.2 Hypertextdokumente und Hypertextstrukturen

In deinen Informatikbüchern findest du immer wieder Pfeile mit Kapitelnummern dahinter.

- Sicher kennst du Ähnliches aus anderen Büchern, z. B. Lexika. Beschreibe, was es damit auf sich hat.
- Beschreibe, wie du in diesem Buch oder in einem Lexikon vorgehst, um diese Angabe nutzen zu können.

> Anstatt an jeder Kante die Bedeutung mit der Leserichtung anzugeben (➥ W4), … Bedeuten die Kanten in Pfeilrichtung „ist Chef von", so entsteht ein Baum (➥ W7).

Verweise

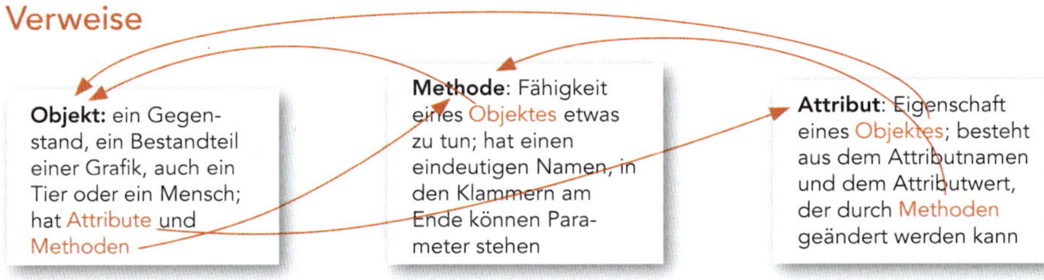

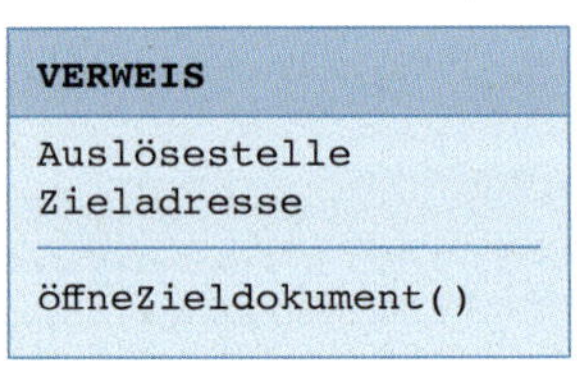

In diesen Texten sind Begriffe gekennzeichnet, die an anderer Stelle genauer erklärt werden. Man spricht von einem **Verweis**. Zur Klasse `VERWEIS` gehören:

In diesem Buch: ➥
In Lexika z. B.: ↑

- Das Attribut **`Auslösestelle`**: Z. B. durch eine besondere Textauszeichnung und/oder einem besonderen Zeichen muss deutlich gemacht werden, bei welchen Stellen im Text es sich um einen Verweis handelt.
- Das Attribut **`Zieladresse`**: Der Benutzer muss erkennen können, wo er die gesuchte Erklärung des Begriffes findet. Die Zieladresse kann nicht nur auf einen Text verweisen, es kann sich z. B. auch um ein Bild oder eine Tabelle handeln.
- Die Methode **`öffneZieldokument()`**: Der Benutzer muss die in der Zieladresse angegebene Stelle finden. In diesem Buch kann er sich an den Kapitelnummern orientieren, in einem Lexikon sind die Stichwörter alphabetisch geordnet.

In diesem Buch z. B.:
➥ 7.2 Aufgabe 3
In Lexika z. B.: ↑ Baum

Hypertextdokumente und Hypertextstrukturen

Texte mit Verweisen wie im Beispiel oben nennt man **Hypertextdokumente**, die durch die Verweise entstehende vernetzte Struktur heißt **Hypertextstruktur**.

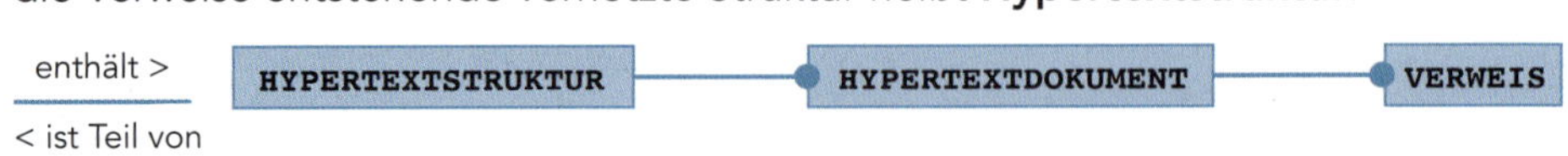

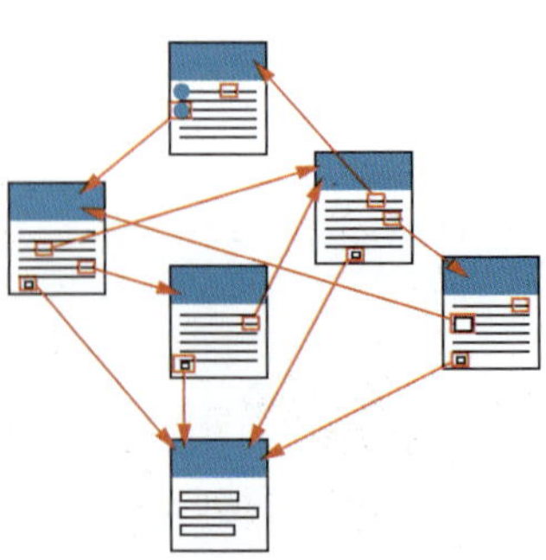

Hypertextstrukturen können durch Objektdiagramme veranschaulicht werden. Dazu werden Hypertextdokumente als Knoten dargestellt. Von dem Knoten, der eine Auslösestelle enthält, wird zu dem Knoten, der als Zieladresse angegeben ist, ein Pfeil gezeichnet. Ein Doppelpfeil z. B. zwischen `Objekt` und `Attribut` verdeutlicht, dass es in beiden Hypertextdokumenten einen Verweis mit der Zieladresse des jeweils anderen gibt.

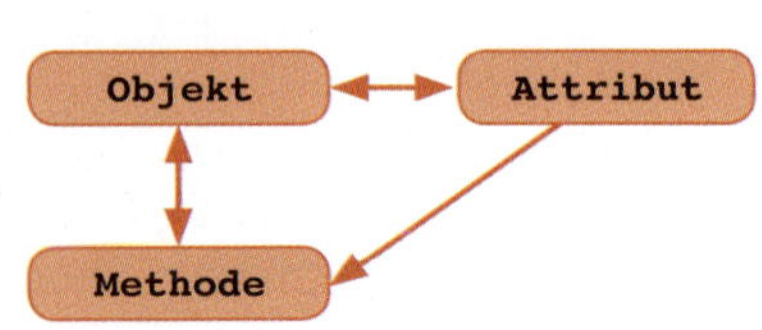

Merke

Unter einem **Verweis** versteht man einen Hinweis auf eine andere Textstelle, manchmal auch auf ein Bild, eine Grafik oder eine Tabelle. Wo dies zu finden ist, muss in der **Zieladresse** angegeben werden.
Ein Dokument, das Verweise enthält, heißt **Hypertextdokument**, viele Hypertextdokumente mit Verweisen eine **Hypertextstruktur**.
Hypertextstrukturen können mithilfe von Graphen dargestellt werden.

Aufgaben

1 Gib in einem Textverarbeitungsprogramm jeweils in ein Textfeld die Erklärtexte für die Begriffe *Objekt*, *Attribut* und *Methode* von der linken Seite ein.

a) Gestalte die Verweise und die Zieladressen zweckentsprechend mithilfe geeigneter Formatierungen. Ergänze zu jedem Verweis einen Pfeil zwischen den Textfeldern.

b) Erstelle wie in Aufgabe a) entsprechende Textfelder für die Begriffe *Parameter* und *Objektkarte*.

c) Zeichne darunter den zugehörigen Graphen. Dabei genügt es, wenn du die fett geschriebenen Wörter in den Knoten angibst.

2 An einer Pinnwand sind eine Karte des Vatikanstaates und zwei Bilder (Petersdom und Petersplatz) angeheftet.

a) Beschreibe zwei Möglichkeiten, wie deutlich gemacht werden könnte, wo auf dem Plan sich diese Sehenswürdigkeiten befinden. Verwende dabei die Wörter Verweis, Auslösestelle und Zieladresse.

b) Gestaltet gemeinsam diese Hypertextstruktur als Poster im Klassenzimmer. Ergänzt dazu ähnliche Bilder von diesen und weiteren Sehenswürdigkeiten.

3 a) Begründe, warum es in einem Lexikon reicht, als Verweis z. B. ↑ Baum anzugeben. Beschreibe, in welchen Büchern ein Verweis die Form ↑ 2013 haben kann.

b) Erfolgt die Erläuterung unten auf der Seite, so spricht man von einer Fußnote. Informiere dich, wie Fußnoten üblicherweise formatiert werden und wie der Leser die Methode `öffneZieldokument()` ausführen muss.

4 In den Grafiken sind einige Möglichkeiten angegeben, wie Hypertextstrukturen aussehen können.

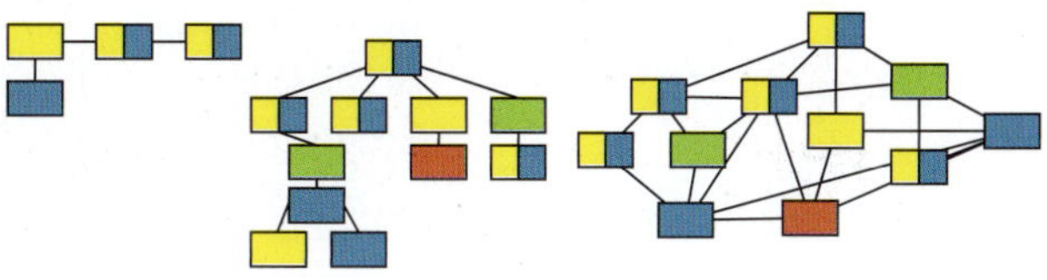

a) Gib die Namen dieser Strukturen an (vgl. S. 102).

b) Nenne für jede Struktur zwei Vor- und Nachteile.

7.3 Das World Wide Web als Hypertextstruktur

Betrachtest du z. B. die Internetseite deiner Schule, so gibt es Stellen, an denen der Mauszeiger seine Form ändert.

- Was passiert, wenn du eine dieser Stellen anklickst?
- Finde Möglichkeiten, wie du wieder an die ursprüngliche Stelle zurückkommst.

Internet und Internetdienste

Das **Internet** ist ein weltweiter Zusammenschluss von Computern und Computernetzen. Zwischen ihnen können Daten übertragen werden. Je nach Verwendungszweck der Daten unterscheidet man mehrere **Dienste**, z. B.:

- E-Mail (electronic Mail) zum Austausch von Nachrichten
- FTP (File Transfer Protocol) zum Austausch von Dateien zwischen zwei Rechnern

to browse through (engl.): *durchblättern*

Der größte und bekannteste Dienst ist das **World Wide Web**, abgekürzt WWW. Das ist eine Hypertextstruktur mit weltweit Milliarden von Hypertextdokumenten. Diese werden mit Programmen dargestellt, die **Browser** heißen.

Adressierung im Internet

URL = Uniform Resource Locator (engl.) *einheitlicher Ressourcenanzeiger*

Jede über das Internet erreichbare Datei hat eine eindeutige Adresse, die **URL**. Sie muss in die Adresszeile des Browsers eingegeben oder als Zieladresse eines Verweises angegeben werden. Eine URL im WWW hat folgenden Aufbau:

verzeichnis1258 ist ein Unterordner von verzeichnis1257.

http://www.DasIstErfunden.de/verzeichnis1257/verzeichnis1258/datei99.html

Protokoll	Rechneradresse	Pfad zur Datei	Dateiname
http://	www.DasIstErfunden.de	/verzeichnis1257/verzeichnis1258/	datei99.html

S in HTTPS steht für secure (engl.): *abgesichert*.

Damit die Datenübertragung auch klappt, müssen bestimmte Regeln (sog. Protokolle) eingehalten werden. Jeder Dienst im Internet hat ein eigenes Protokoll, für das WWW wird HTTP (**H**yper**t**ext **T**ransfer **P**rotocol) verwendet. Neben HTTP wird oft auch das Protokoll HTTPS verwendet, das die Daten vor der Übertragung verschlüsselt.

Verweise im WWW

- **Die Gestaltung der Auslösestellen:** Die Auslösestellen in Hypertextdokumenten des WWW sind oft daran zu erkennen, dass der Mauszeiger dort seine Form in eine Hand (s. links) ändert. Ist die Auslösestelle ein Text, so ist er oft blau, manchmal auch kursiv oder unterstrichen. Das ist jedoch von Text zu Text unterschiedlich. Die Auslösestelle kann aber auch ein Bild, eine Grafik oder ein Teil davon sein.
- **Die Angabe der Zieladresse:** Als Zieladresse wird eine URL angegeben. In einigen Browsern ist die Adresse unten in der Fußzeile zu sehen.
- **Das Ausführen der Methode `öffneZieldokument()`:** Diese Methode führt der Browser automatisch aus, wenn auf eine Auslösestelle geklickt wird. Handelt es sich bei dem in der Zieladresse angegebenen Objekt um ein Dokument, das der Browser darstellen kann, so zeigt er es an. Ansonsten bietet er an, die Datei herunterzuladen und zu speichern.

Merke

Im **Internet** sind viele Computer, die die Nutzung verschiedener Dienste erlauben, miteinander verbunden. Der wichtigste ist das **World Wide Web** (WWW), eine riesige Hypertextstruktur, deren Dokumente mit einem **Browser** betrachtet werden können.
Jede Datei im Internet hat eine weltweit eindeutige Adresse, die **URL**.
Die Methode `öffneZieldokument()` wird bei einem Klick auf die Auslösestelle eines Verweises aufgerufen. Sie stellt das im Attribut `Zieladresse` angegebene Dokument entweder im Browser dar oder bietet es zum Herunterladen an.

Aufgaben

1 Verwende beim Bearbeiten dieser Aufgabe möglichst verschiedene Browser.

a) Gib die URL der Homepage deiner Schule vollständig mit der Angabe des Protokolls in der Adresszeile der Browser ein. Beschreibe, was nach dem Drücken der Eingabetaste mit der Angabe des Protokolls geschehen ist.
b) Gib die URL nochmals ein, lasse jetzt aber das Protokoll und www weg. Beschreibe, was nach dem Drücken der Eingabetaste geschehen ist.
c) Finde einige Auslösestellen, möglichst auch in Bildern. Gib an, ob und wo du die Zieladresse sehen kannst.
d) Klicke eine Auslösestelle an. Beschreibe, wie du nach dem Öffnen der neuen Seite wieder auf die vorherige Seite zurückkommst.
e) Beschreibe, ob und wie sich das Aussehen der Auslösestelle geändert hat.

2 Suche ein Bild z. B. auf dem Internetauftritt deiner Schule.

a) Ändere den Pfad zum Bild, so dass er fehlerhaft ist. Beschreibe, was passiert.
b) Gib die Rechneradresse der Homepage deiner Schule falsch ein, so dass diese Adresse nicht existiert. Beschreibe, was passiert.
c) Gib die richtige URL mit einem falschen Protokoll, z. B. ftp ein. Beschreibe, was passiert.

Hinweis: Bei manchen Browsern musst du in die Eingabezeile klicken, um die URL vollständig zu sehen.

3
a) Suche ein Bild auf dem Internettauftritt deiner Schule und gib, wie auf der linken Seite, die Bestandteile der URL an (Tipp: Rechtsklick).
b) Gib die URL des Internetauftritts deiner Schule nun ohne Pfad und Dateinamen im Browser ein. Beschreibe, was passiert.

4 Durch die Verweise ist auch dieses Buch eine Hypertextstruktur mit den Unterkapiteln als Hypertextdokumente.

a) Gib für den Verweis ➥ 7.2 an, was der Auslösestelle und der Zieladresse entspricht.
b) Beschreibe, wie du für diesen Verweis die Methode `öffneZieldokument()` ausführen musst.
c) Bei manchen Verweisen ist auch eine Aufgabennummer angegeben, z. B. ➥ 7.2, Aufgabe 3. Beschreibe, wie hier die Methode `öffneZieldokument()` auszuführen ist.
d) Erkläre, inwiefern auch das Inhaltsverzeichnis und das Stichwortverzeichnis dieses Buches Verweise enthält. Beschreibe eventuelle Unterschiede zur Vorgehensweise aus Teilaufgabe b).

7.4 Funktionsweise des Internets

Lena surft im Internet, klickt Verweise an und bekommt immer neue Seiten angezeigt. Sie fragt sich:

Wo sind diese Seiten gespeichert?
Wie kann eine Seite gefunden werden?
Wie kommt sie dann auf meinen Computer?

- Versuche einige Fragen zu beantworten.

Die IP-Adresse

Rechner im Internet können mit Adressen, wie sie in einer URL (→ 7.3) enthalten sind, nicht umgehen. Daher werden die URLs mithilfe von Programmen auf speziellen Rechnern im Internet durch die so genannte IP-Adresse ersetzt. Mit diesen IP-Adressen wird dann weitergearbeitet.

IP = Internet Protokoll
In der neueren Version IPv6 können noch wesentlich mehr IP-Adressen zur Verfügung gestellt werden.

Eine IP-Adresse besteht in der aktuellen Version aus vier ganzen Zahlen zwischen 0 und 255, die durch einen Punkt getrennt sind, z. B. `205.13.0.4`. Auch in Computernetzen, z. B. an deiner Schule, haben die Rechner IP-Adressen. Meist lauten die ersten beiden Zahlen dieser IP-Adressen `192.168`. Solche IP-Adressen gibt es im Internet nicht.

Das Client-Server-Prinzip

Im Internet unterscheidet man folgende Rechnertypen:

Client (engl.)
Kunde

- **Client:** Das ist der Rechner eines Benutzers. Von ihm werden Aufträge an einen Server geschickt (z. B. sende mir die Datei `xyz.html` oder die aktuelle Uhrzeit). Der Auftrag muss sowohl die URL der gewünschten Datei als auch die Rechneradresse des Clients enthalten.

Router (engl.)
z. B. Lotse, Verteiler

- **Router:** Sie werden auch **Vermittlungsrechner** genannt. Diese leiten die Aufträge zum in der URL angegebenen Server und die Dateikopien wieder zurück zum Client. Geht das nicht direkt, so kontaktieren sie einen anderen Router. Der Weg durch das Internet ist nicht immer gleich, bei Überlastung oder Unterbrechung einer Verbindung wird ein anderer Router gewählt.

Server (engl.)
z. B. Kellner, Diener

- **Server:** Dort sind Daten gespeichert. Sie nehmen Aufträge entgegen und schicken eine Kopie der gewünschten Datei an den Client zurück.

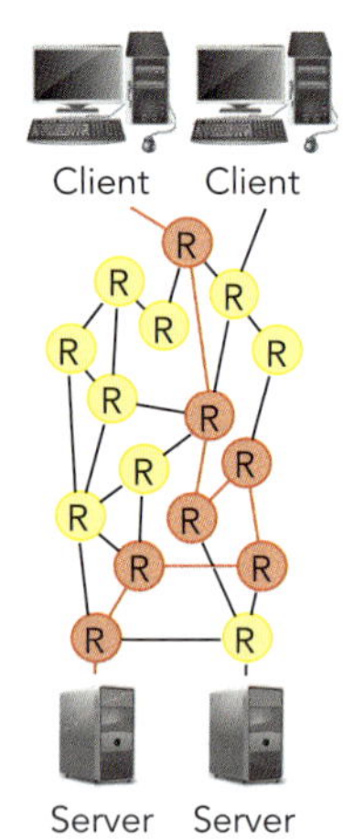

Im Internet können keine Gegenstände, sondern nur Daten transportiert werden.

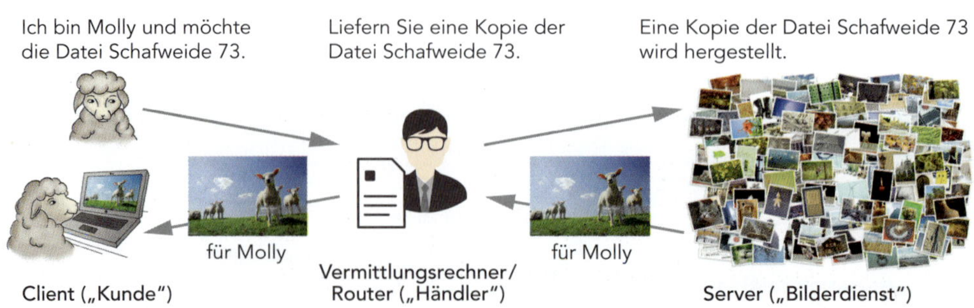

Merke

Die in URLs enthaltenen Rechneradressen werden durch spezielle Rechner im Internet durch **IP-Adressen** ersetzt.
Das Internet arbeitet nach dem Client-Server-Prinzip: Der **Client** schickt einen Auftrag an einen **Server**. Der Auftrag enthält die URL der gewünschten Datei und die Rechneradresse des Clients. Der Server liefert eine Kopie der angeforderten Datei an die Clientadresse zurück.
Router (Vermittlungsrechner) sorgen dafür, dass der Auftrag den richtigen Server erreicht und die Kopie der gewünschten Datei wieder zum richtigen Client zurücktransportiert wird.

Aufgaben

1 Zunächst hatten die Rechner im Internet nur IP-Adressen, die Rechneradressen wurden erst später eingeführt.

a) Begründe, warum die Adressierung mit IP-Adressen unpraktisch ist.
b) Berechne näherungsweise, wie viele verschiedene IP-Adressen es in der aktuellen Version gibt. Tipp: Es gilt $256 = 2^8$ und $2^{10} \approx 10^3$.
c) Mithilfe der neuen Version IPv6 können 2^{128} Adressen vergeben werden. Berechne, um welchen Faktor sich dadurch die Anzahl der möglichen Adressen vergrößert.

2 Das Internet im Klassenzimmer (Fortsetzung → 7.11, Aufgabe 6)

- Bestimmt einige Schüler, die Clients, und einige andere, die Server spielen. Der Rest spielt Router.
- Ein Client schreibt einen Servernamen als Empfänger und seinen Namen als Absender auf einen Umschlag und steckt einen Zettel mit dem Auftrag hinein.
- Router geben den Umschlag, ohne ihn zu öffnen, an einen der Nachbarn weiter, die näher am Server sitzen. Ist ein Nachbar der Empfänger, so muss er an diesen gegeben werden.
- Der Server öffnet den Umschlag, schreibt die Antwort auf einen Zettel, steckt ihn in einen weiteren Umschlag, auf dem Empfänger und Absender vertauscht wurden, und gibt diesen Umschlag einem benachbarten Router.

a) Client Anna (vorne) möchte vom Server Bernd (hinten) die Uhrzeit wissen.
b) Client Eva möchte vom Server Imre das heutige Datum wissen. Dabei unterläuft ihr beim Servernamen ein Schreibfehler.
c) Client Pascal möchte vom Server Peggy die Lottozahlen des nächsten Wochenendes wissen.
d) Client Sibel möchte den Radiergummi vom Server Moritz haben. Kurz darauf erreicht Moritz dieselbe Anfrage von Sarah. Diskutiert danach, ob Moritz jeweils richtig reagiert hat.

3 Vergleiche das Client-Server-Prinzip mit den Abläufen bei der Briefpost.

a) Ordne den Begriffen Client, Router und Server entsprechende Begriffe der Briefpost (z. B. Postfiliale, Briefzentrum, Briefkasten, Absender) zu.
b) Begründe, wer die genaue Adresse benötigt und wem z. B. der Zielort genügt.

7.5 Informationsquellen im Internet

Anika soll ein Referat über Fußballregeln halten. Ahmed interessiert sich für die Ergebnisse seines Heimatvereins.

- Kannst du ihnen Tipps geben, wie sie sich schnell diese Informationen beschaffen können?
- Gib einige weitere Möglichkeiten zur Informationsbeschaffung außer Suchmaschinen an.

Informationsquellen im WWW

Neben Büchern, Zeitungen und Zeitschriften, Radio und Fernsehen ist das Internet, speziell das WWW, eine gute Möglichkeit, aktuelle Informationen zu erhalten. Für eine Präsentation (→ W6) findet man auch Bilder und Filme, die mit eingebunden werden können. Es muss jedoch immer das Urheberrecht (→ 7.8) beachtet werden.

Ausgangspunkt einer Suche ...

... ist immer die Frage: „Was weiß ich bereits?“

- **Bekannte URL**: In den Medien werden oft Adressen (→ 7.3) interessanter Seiten veröffentlicht. Fast jeder Verein hat Seiten im Internet mit aktuellen Informationen.
- **Bekanntes Thema**: Hier bietet sich ein Themenportal an, z. B. über Fußball und seine Regeln. In Portalen ist viel Wissen gesammelt und sie enthalten Verweise (→ 7.2) auf weitere Seiten zu diesem Thema. Da Portale von Menschen erstellt wurden, sind sie oft verlässlicher als die Ergebnisse von Suchmaschinen.
- **Bekannter Fachbegriff**: Diesen Begriff tippt man in das Suchfeld einer Suchmaschine oder einer Online-Enzyklopädie ein, z. B. „Abseitsregel“. Oft ist es nötig, den Fachbegriff genau zu übernehmen. Beschränkt man sich z. B. auf „Abseits“, so erhält man auch viele Ergebnisse, die nichts mit Fußball zu tun haben. Durch ein Minuszeichen vor einem Begriff, z. B. „Abseits –Eishockey“, kann man Seiten, die diesen Begriff (hier das Wort Eishockey) enthalten, bewusst ausschließen. Wird vor den Fachbegriff `define:` geschrieben, so erscheint oft eine Definition dieses Begriffs vor den eigentlichen Suchergebnissen.
- **Unbekannter Fachbegriff**: Oft muss mehrmals gesucht werden. Wichtig sind geeignete Suchwörter, damit zutreffende Seiten am Anfang der Trefferliste angezeigt werden. Sucht man ein für Irland typisches Spiel, so könnte z. B. „Irland Spiel“ erfolgreich sein. Oft liest man dann das Wort „Hurling“, das als nächstes Suchwort sinnvoll ist. Nützlich kann ein zusätzliches Verb sein, so liefert „Fußball spielen“ andere Treffer als „Fußball schauen“.
  Ungeeignet sind Suchwörter wie „der“, „das“, „in“, „auf“, die in jedem Dokument vorkommen. Daher führt die Eingabe von ganzen Sätzen oft nicht zum Erfolg.

Je seltener die Suchwörter in der Alltagssprache vorkommen, desto größer sind die Erfolgsaussichten.

Spezialsuchmaschinen

Für bestimmte Dateitypen (z. B. Bilder, Filme) gibt es Spezialsuchmaschinen, die nur solche Ergebnisse liefern. Auf anderen Seiten können z. B. Straßenkarten und Satellitenaufnahmen der ganzen Welt abgerufen werden.

Merke

Je nach Vorwissen sollten verschiedene Informationsquellen genutzt werden. Im Internet gibt es folgende Möglichkeiten:
Themenportale sammeln Wissen zu einem Thema und bieten Verweise zu weiterführenden Seiten an. **Online-Enzyklopädien** bieten wie Lexika kurze Einführungen in fast alle Themenbereiche. **Suchmaschinen** liefern alle Seiten, auf denen die angegebenen Wörter vorkommen. **Spezialsuchmaschinen** beschränken sich dabei auf bestimmte Dateitypen wie Bilder oder Filme.
Wichtig ist die sinnvolle Auswahl der Suchwörter, damit möglichst nur hilfreiche Seiten gefunden werden und diese in der Ergebnisliste weit vorne stehen.

Aufgaben

1 Überlege dir bei den folgenden Aufgaben zunächst, welche Art der Informationsquelle am besten geeignet ist. Führe die Suche dann durch. Notiere die URL einer geeigneten Fundstelle und schreibe das Ergebnis in eigenen Worten stichpunktartig auf.

a) Kläre, was man unter dem Begriff Harpenodapten versteht.
b) Suche den Originaltext der Abseitsregel im Fußball.
c) Douglas Carl Engelbart hat 1963 eine Patentschrift mit dem Titel „X-Y Position Indicator for a Display System" eingereicht. Was hatte er erfunden?
d) 2015 hat eine Raumsonde Bilder vom Kleinplaneten Pluto gemacht. Finde einige Bilder und den Namen der Sonde. Im selben Jahr hat eine andere Sonde einen weiteren Kleinplaneten erforscht. Suche den Namen des Kleinplaneten und der Sonde sowie Bilder.

e) Finde ein berühmtes Foto, auf dem ein Matrose eine fremde Frau küsst. Wo und wann war das? Was war der Grund für diesen Gefühlsausbruch?
f) Finde einen Film, in dem dir die Russische Bauernmultiplikation erklärt wird. Achtung: Es gibt auch Filme mit Rechenfehlern.
g) Recherchiere, wann und wo genau man in Deutschland die nächste totale Sonnenfinsternis sehen kann.
h) Das Dorf Oimjakon gilt als der kälteste bewohnte Ort der Welt. Stelle fest, wo es liegt und warum es dort so kalt ist.

2 Bearbeite mithilfe geeigneter Recherchen die folgenden Arbeitsaufträge. Wähle geeignete Suchbegriffe und führe bei Bedarf mehrere Recherchen durch.

a) Es gibt mehrere Orte mit dem Namen Niederwald. In einem ist sowohl das Geburtshaus eines weltberühmten Mannes als auch sein Grab. Finde den Namen des Mannes und die genaue Lage des Ortes.
b) An einigen Stellen gibt es nahe der Küste Seen, die genau auf Meereshöhe liegen. Durch die Gezeiten entsteht bei Flut eine starke Strömung vom Meer in den See, bei Ebbe aus dem See heraus. Finde die genaue Bezeichnung für solche Stellen und den Namen sowie die Lage derjenigen, durch die täglich die größte Wassermenge fließt.
c) Die Nachfahren der berühmtesten Meuterei der Seefahrtsgeschichte leben heute noch auf einer winzigen Insel im Südpazifik. Finde den Namen des Schiffes sowie den Namen und die Lage der Insel. Kläre, wie es dem Kapitän und denen erging, die sich nicht an der Meuterei beteiligten.

7.6 Beurteilung von Suchergebnissen

Medine findet das Abiturzeugnis Albert Einsteins von 1896 in Aargau, Schweiz. Rechts siehst du einen Auszug.
Sie meint: „Einstein war sehr schlecht in der Schule. Wie konnte er mit diesen Noten überhaupt das Abitur bestehen?"
Ayse erwidert: „Da stimmt was nicht, er war ein Genie und Nobelpreisträger."

- Kläre diese Widersprüche.

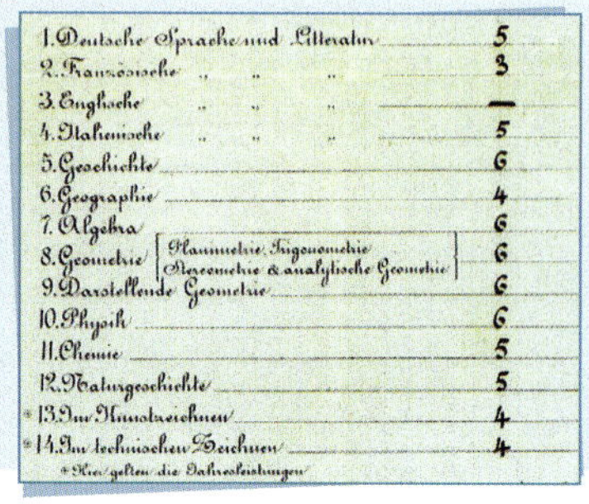

1. Deutsche Sprache und Litteratur	5
2. Französische " " "	3
3. Englische " " "	—
4. Italienische " " "	5
5. Geschichte	6
6. Geographie	4
7. Algebra	6
8. Geometrie [Planimetrie, Trigonometrie, Stereometrie & analytische Geometrie]	6
9. Darstellende Geometrie	6
10. Physik	6
11. Chemie	5
12. Naturgeschichte	5
* 13. Im Kunstzeichnen	4
* 14. Im technischen Zeichnen	4

* Hier gelten die Jahresleistungen

Stimmen die Suchergebnisse?

Gefundene Informationen müssen immer kritisch geprüft werden. Daher sollte man sich folgende Fragen stellen:

- *„Habe ich die Information richtig gedeutet?"*
  Manchmal werden durchaus richtige Informationen falsch gedeutet. Auf amerikanischen Seiten wird die Entfernung zwischen der Sonne und dem nächsten Fixstern, Alpha Centauri, mit 10 Billion km angegeben. Allerdings wird im amerikanischen die Zahl 10 Milliarden (also 10.000.000.000) 10 Billion gelesen. Durch diesen „Übersetzungsfehler" wird die Entfernung irrtümlich vertausendfacht. Bei so großen Zahlen fällt uns das aber nicht auf, wir können solche Größen nicht einschätzen.
- *„Ist das, was ich gefunden habe, auch das, was ich gesucht habe?"*
  Eine Bildersuche mit dem Suchwort „Kugel" liefert überraschend viele Bilder von Aufläufen. Jerusalem Kugel ist ein Nudelauflauf; bei uns aber unter diesem Namen wohl kaum bekannt.
- *„Handelt es sich um eine Quelle, der ich trauen kann?"*
  Jeder kann Informationen ins Internet stellen, auch absichtlich oder versehentlich falsche. Man liest oft, die Titanic wollte den Rekord für die schnellste Atlantiküberquerung brechen. Das war aber eine Erfindung der Propaganda im Dritten Reich, der Antrieb des Schiffes war dafür gar nicht ausgelegt.
- *„Ist die Information aktuell?"*
  Vieles in der Welt ändert sich, so dass Inhalte veralten können. Als Name für die größte Stadt Indiens ist oft noch Bombay angegeben. Allerdings wurde die Stadt schon 1997 offiziell in Mumbai umbenannt.

Woran erkenne ich vertrauenswürdige Seiten?

Oft helfen folgende Punkte bei der Einschätzung:

- Der Autor nennt seinen Namen, es gibt ein Impressum mit Post- und Mailadresse.
- Die Darstellung ist sachlich und neutral, die Seite ist aktuell und länger verfügbar.
- Die Seiten sind klar strukturiert und sinnvoll verlinkt, es öffnen sich nicht eigenständig Fenster. Rechtschreibung und Zeichensetzung stimmen.
- Texte und Bilder werden durch Referenzen belegt, möglichst auch durch Bücher.
- Es handelt sich z. B. um Seiten von Universitäten, Forschungseinrichtungen, bekannten Organisationen oder Personen, Verlagen usw.

Zur Sicherheit ist es oft sinnvoll eine weitere Suche vorzunehmen, um das erste Ergebnis zu stützen oder zu widerlegen.

Merke

Suchergebnisse können fehlerhafte Informationen liefern und sollten daher durch weitere Suchvorgänge abgesichert werden. Mögliche Gründe sind:

- Die Information an sich ist (absichtlich oder versehentlich) fehlerhaft.
- Das Ergebnis wird falsch interpretiert.
- Es wird nicht erkannt, dass das Gefundene nicht das Gesuchte ist.
- Die Information ist nicht mehr aktuell.
- Die Suchmaschine liefert falsche Treffer.

Aufgaben

1 Entscheide durch geeignete Recherchen, ob folgende Angaben richtig oder falsch sind. Korrigiere falsche Aussagen.

a) „Die Erde dreht sich in genau 24 Stunden einmal um ihre Achse."
b) „Pilze sind weder Tiere noch Pflanzen."
c) „Die Chinesische Mauer sieht man vom Mond aus."
d) „Jesus wurde nicht im Jahr Null geboren."
e) „Kolumbus wollte weder nach Amerika noch nach Indien segeln."
f) „Chinesen können kein „r" sprechen."

2 Entscheide mithilfe weiterer Quellen, welche Aussage richtig ist. Gib deine Quellen an und erkläre, wie es zu diesen Widersprüchen gekommen ist.

a) Aussage 1: „Die Eselsbrücke „**M**ein **V**ater **E**rklärt **M**ir **J**eden **S**onntag **U**nsere **N**eun **P**laneten" hilft, sich die Reihenfolge der Planeten **M**erkur, **V**enus, **E**rde, **M**ars, **J**upiter, **S**aturn, **U**ranus, **N**eptun und **P**luto zu merken."
Aussage 2: „In unserem Sonnensystem gibt es acht Planeten."
b) Aussage 1: „Bei Ebbe ist der Wasserstand am niedrigsten."
Aussage 2: „Ebbe ist die Zeitspanne zwischen dem höchsten und dem niedrigsten Wasserstand."

3 Begründe, warum eine Bildersuchmaschine bei den angegebenen Suchbegriffen diese Bilder angezeigt hat. Entscheide, welche Bilder richtig oder falsch sind oder durch nicht eindeutige Suchbegriffe gefunden wurden. Gib bessere Suchbegriffe an, so dass möglichst nur gewünschte Treffer vorkommen.

a) `Klavier`

b) `Gift`

c) `Spannung`

4 Nenne Gründe, warum du dich auf die Informationen dieser Seiten nicht verlassen solltest.

a) Der Autor gibt seinen Namen nicht an und auch keine E-Mail-Adresse.
b) Der Text ist nach der alten Rechtschreibung verfasst.
c) Die Begriffe, die du in die Suchmaschine eingegeben hast, kommen auf der Seite gar nicht vor.

7.7 Die Sprache HTML und WYSIWYG-Editoren

Erstelle mit einem Textverarbeitungsprogramm eine einfache Seite ähnlich dieser und speichere sie unter dem Namen `Homepage.html`.

- Öffne diese Datei wieder mit einem Browser. Gibt es Unterschiede zwischen den Darstellungen im Textverarbeitungsprogramm und im Browser?
- Stelle im Textverarbeitungsprogramm und im Browser das Fenster so schmal wie möglich ein. Beschreibe jeweils, was passiert.
- Erkläre, was man unter einer Homepage versteht.

Die Sprache HTML

Hypertextdokumente im WWW können weltweit zu jedem Computer übertragen werden. Daher müssen sie so dargestellt werden, dass die Übertragung vom Server zum Client leicht möglich ist und die Dokumente vom jedem Browser auf jedem Computer wiederhergestellt werden können. Dies leistet die Sprache **HTML** (**H**yper**t**ext **M**arkup **L**anguage, auf Deutsch in etwa: Hypertextauszeichnungssprache).

WYSIWYG-Editoren

Internetseiten können direkt in der Sprache HTML mit einem Textverarbeitungsprogramm geschrieben werden (➥ 7.9).

WYSIWYG:
What You See Is What You Get (engl.)
Was du siehst ist das, was du bekommst.

Einfacher geht es aber mit **WYSIWYG-Editoren**. Mit deren Hilfe können Hypertextdokumente ähnlich wie bei einem Textverarbeitungsprogramm erstellt werden und man sieht bereits beim Erstellen, wie das Dokument im Browser aussehen wird. Beim Speichern erfolgt dann die Umwandlung in die Sprache HTML.

Ansicht des Dokuments mit einem WYSIWYG-Editor.

```
<html>
  <head>
    <title>Annas Homepage</title>
  </head>
  <body>
    <div align=center>
    <h1><font color=red>Herzlich Willkommen</font></h1>
    Hier siehst du mein Lieblingsbild<br>
    <img src="Blume.JPG"><br>(eigenes Foto)</p>
    Auf dieser Seite stelle ich dir
    <a href="Lieblingstier.html">mein Lieblingstier</a>vor.
    </div>
  </body>
</html>
```

Darstellung in HTML. So ist die Übertragung z. B. zu einem Client-Rechner möglich.

Wiederhergestellte Ansicht des Dokuments im Browser.

Verweise einfügen

Verweise können in den meisten WYSIWYG-Editoren so eingefügt werden:

1. Auslösestelle markieren
2. im Menü: `Einfügen-Link` oder `Einfügen-Hyperlink` anklicken
3. im nun erscheinenden Dialog die Zieladresse (URL, Pfad zur Datei) angeben.

Meist erstellt man zuerst alle Seiten und fügt dann erst die Verweise ein. Andernfalls existieren die in den Zieladressen angegebenen Dateien noch nicht.

Merke

Hypertextdokumente werden in der Sprache **HTML** (**H**yper**t**ext **M**arkup **L**anguage) beschrieben. Sie besteht aus reinem Text, der mit einem Textverarbeitungsprogramm gelesen und verändert werden kann.
Bei der Arbeit mit einem **WYSIWYG-Editor** (**W**hat **Y**ou **S**ee **I**s **W**hat **Y**ou **G**et) sieht man das Hypertextdokument beim Erstellen schon annähernd so, wie es später im Browser aussehen wird. Beim Speichern erfolgt die Umwandlung in HTML. Aufgabe eines Browsers ist es, daraus das ursprüngliche Aussehen wiederherzustellen.

Aufgaben

1 Erstelle eine einfach aufgebaute Homepage ähnlich der von Anna mit einem WYSIWYG-Editor. Füge auch ein beliebiges Bild ein.

a) Wähle beim Speichern (Dateiname: `Willkommen`) den Dateityp `htm` oder `html`.

b) Öffne diese Datei nun mit einem Browser und vergleiche die Darstellung im Browser mit der Darstellung im Editor. Beschreibe, wie sich die Darstellung ändert, wenn du das Browserfenster zunächst breiter und dann ganz schmal einstellst.

c) Erstelle auch eine einfache Seite `Lieblingstier.html` mit einem Bild und einer Auslösestelle `Zurück`.

d) „Verlinke" nun die beiden Seiten, d. h. gib als Zieladresse der Auslösestelle `mein Lieblingstier` die Datei `Lieblingstier.html` an und als Zieladresse der Auslösestelle `Zurück` die Datei `Willkommen.html`. Speichere beide Seiten wieder und öffne `Willkommen.html` mit einem Browser. Du musst jetzt per Mausklick zwischen beiden Seiten wechseln können.

e) Entwirf weitere Hypertextdokumente, auf denen du bekannte Personen (z. B. Sportler, Künstler, Wissenschaftler) oder Gruppen (z. B. Sportmannschaft, Musikgruppe) vorstellst. Suche passende und aussagekräftige Bilder, die du mit einbindest. Gestalte die Hypertextdokumente übersichtlich und verbinde sie sinnvoll durch Verweise miteinander (Fortsetzung ➥ 7.8 Aufgabe 2).

Im Internet sind beide Endungen möglich. Da früher Dateiendungen nur aus drei Buchstaben bestehen durften, hatte man sich auf `htm` geeinigt.

2 Bei einem Textverarbeitungsprogramm kannst du die Höhe und die Breite einer Seite eines Textdokuments einstellen. Bestätige die folgenden Aussagen durch Ausprobieren an einem geeigneten Hypertextdokument.

a) Ein Hypertextdokument ist theoretisch beliebig lang.

b) Ein Hypertextdokument hat keine bestimmte Breite. Stelle fest, wodurch sich die Darstellung eines Textdokumentes und eines Hypertextdokuments unterscheidet, wenn das jeweilige Fenster zu schmal eingestellt wird.

3 In manchen Hypertextdokumenten gibt es Verweise, deren Zieladresse die URL desjenigen Dokuments enthält, in dem sich der Verweis selbst befindet.

a) Gib zwei Beispiele an, wo das sinnvoll eingesetzt werden kann.

b) Das Hypertextdokument `H1` enthält die beiden Verweise `V1` und `V2`. `V1` enthält als Zieladresse das Hypertextdokument `H1`, `V2` das Hypertextdokument `H2`. Zeichne das Objektdiagramm.

c) Nenne zwei Gründe, warum die rechts abgebildete Hypertextstruktur schlecht gestaltet ist.

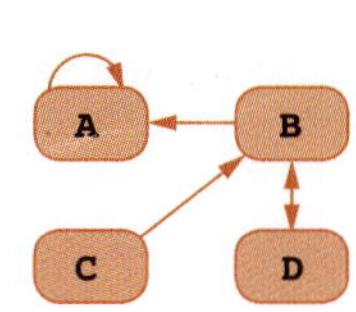

7.8 Urheberrecht und Zitiernormen

Nedo hat sich eine kleine Homepage erstellt und im Internet veröffentlicht. Da er Pinguine gerne mag, hat er auch ein besonders schönes Bild aus dem Internet dazu eingefügt.

- Sein Freund Ante meint, er muss dafür eine Erlaubnis haben. Nedo entgegnet, dass das Bild doch frei im Internet zugänglich sei. Begründe, wer Recht hat.
- Wie würdest du entscheiden, wenn Nedo einen Abschnitt über Pinguine aus einem Online-Lexikon mit einfügt?

Grundlegendes zum Urheberrecht – Wiederholung

Wurde eine Hypertextstruktur in Form von Internetseiten erstellt, ist sie nach dem Hochladen im Internet weltweit zugänglich. Daher sind beim Urheberrecht besonders strenge Maßstäbe anzulegen.

- Alle Werke eines Autors (z. B. Texte, Bilder, Grafiken, Filme, Musik) sind urheberrechtlich geschützt. Verwendet man die Werke in der Öffentlichkeit, benötigt man die Erlaubnis des Autors.
- Inhalte, für die eine Lizenz (z. B. die **Creative-Commons-Lizenz**) angegeben ist, dürfen mit möglichen Einschränkungen seitens des Autors verwendet werden.
  So erlaubt z. B. *CC BY-SA 3.0 DE* die beliebige Weitergabe der Inhalte auch in veränderter Form. Bedingungen sind, dass der Name des Urhebers genannt wird und die erneute Weitergabe der Inhalte unter der gleichen Lizenz erfolgt.
- Keiner Einschränkung unterliegen „lizenzfreie" Werke (**Public-Domain-Lizenz**). Ist bei Werken aus der Literatur der Autor schon länger als 70 Jahre tot, so werden sie automatisch lizenzfrei. Für Lichtbilder gilt eine Frist von 50 Jahren.
- Sind auf den Bildern Personen zu erkennen, ist in jedem Fall das **Recht am eigenen Bild** zu beachten (→ 8.5).
- In wissenschaftlichen Werken dürfen andere Arbeiten unabhängig von ihrer Lizenz zitiert werden, dazu genügt eine Quellenangabe.

CC Creative-Commons-Lizenz

PD oder Public-Domain-Lizenz

Wie wird richtig zitiert?

Ein **direktes Zitat** ist eine wörtlich übernommene Textstelle aus einem (fremden) Text. Bei einem **indirekten Zitat** wird ein Sachverhalt ohne Verwendung des genauen Wortlauts widergegeben. Auch wenn es der Autor nicht verlangt, sollte die Quelle (z. B. eines Bildes) immer angegeben werden. Dazu ist nötig:

- die Angabe der Internetadresse (oder des Buches, der Zeitschrift usw.),
- das Lizenzmodell,
- das Datum des letzten Aufrufs (dieser Seite im Internet).
- Bei einem Buch: Autor, Titel, Erscheinungsort, Verlag, Erscheinungsjahr
  z. B.: Meier, Max: Der Versuch, Bad Einstein, xyz-Verlag, 2018

Ein zitierter Text muss *inhaltlich passend* sein und darf nur einen begrenzten Umfang haben. Man darf also nicht eine komplette Arbeit eines anderen Autors „zitieren". Direkte Zitate *müssen* wörtlich übernommen werden, auch wenn sie Fehler enthalten!

„In der Informatik geht es genauso wenig um Computer wie in der Astronomie um Teleskope."
(Edsger W. Dijkstra)

direktes Zitat

Dijkstra meint es gehe in der Informatik genauso wenig um Computer wie in der Astronomie um Teleskope.

indirektes Zitat

Bilder

Ist in einem HTML-Dokument ein Bild zu sehen, so enthält das HTML-Dokument das Bild nicht (z. B. wie bei einem Multimediadokument), sondern nur einen Verweis darauf. Daher müssen zwei Fälle unterschieden werden:

- Das Verweisziel ist die URL (➥ 7.3) des Bildes im Internet.
  Dieses Vorgehen ist meist erlaubt. Jedoch ist zu beachten, dass das Bild bei fehlender Internetverbindung oder, wenn es dort entfernt wurde, im Browser nicht angezeigt wird.
- Das Bild wird auf die eigene Festplatte kopiert und das Verweisziel ist diese Kopie. Hierbei sind alle auf der linken Seite beschriebenen Einschränkungen zu beachten.

Merke

Alle Werke eines Autors sind **urheberrechtlich geschützt**. Die Verwendung in eigenen Arbeiten ist nur erlaubt, wenn der Autor dieser ausdrücklich zugestimmt hat oder seit mindestens 70 Jahren tot ist. Bei der Verwendung von Lichtbildern gilt eine Frist von 50 Jahren.
Die Quelle einer Information muss immer angegeben werden. Bei Büchern sind das: Autor, Titel, Verlag, Erscheinungsort und Erscheinungsjahr. Bei Internetseiten die Adresse der Seite, das Lizenzmodell und das Datum des letzten Aufrufs.
Die Übernahmen von Textstellen kann als **direktes** oder **indirektes Zitat** erfolgen. Das Zitat muss zum Inhalt der eigenen Arbeit passen und einen begrenzten Umfang haben.

Aufgaben

1 Gib an, von wem folgende Zitate stammen. Nenne die von dir gefundene Quelle und zitiere sowohl direkt als auch indirekt.

a) „Der Computer wurde zur Lösung von Problemen erfunden, die es früher nicht gab."
b) „Für die Zukunft sind Computer mit weniger als 1,5 Tonnen Gewicht vorstellbar."
c) „Denn auch Denken schadet bisweilen der Gesundheit."
d) „Wir leben alle unter dem gleichen Himmel, aber wir haben nicht alle den gleichen Horizont."

2 Gib für die Bilder, die du in ➥ 7.7 Aufgabe 1e) verwendet hast, die Lizenz an und füge sie in die Hypertextdokumente mit ein. Tausche Bilder aus, die nicht frei verwendet werden dürfen.

3 Luisa hat unter einem Bild im Internet die nebenstehenden Zeichen als Lizenzangabe gefunden. Entscheide jeweils, ob folgendes erlaubt ist.

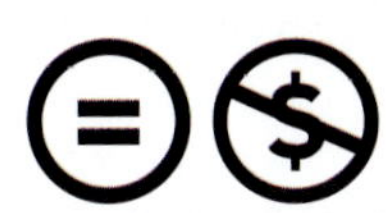

a) Da ihr die Farben nicht gefallen, möchte sie sie ändern und es dann auf ihrer Homepage mitverwenden.
b) Ihr Onkel hat ein kleines Computergeschäft und möchte das Bild in seinem Online-Shop verwenden.
c) Sie möchte das Bild bei einer Geburtstagspräsentation für ihre kleine Schwester einfügen.

7.9 HTML-Programmierung

Die Sprache HTML besteht aus reinem Text und kann mit einem Texteditor geschrieben werden. Damit der Browser die Datei lesen kann, muss als Dateityp `.htm` oder `.html` angegeben werden. Die Formatierung erfolgt nicht dadurch, dass man Menüpunkte aufruft, sondern durch Auszeichnungssymbole (engl. markups), die mit im Text stehen.

Ursprünglicher Text

```
Herzlich Willkommen
Du bist auf der Homepage von Anna.
Ich bin 13 Jahre alt und
Schülerin des ABC-Gymnasiums.
Auf dem Bild siehst du meine Katze Minna.
Mehr von mir erfährst du hier.
```

Ansicht im Browser

http://www.dfbslvslfcsdvls-darfv.de

Herzlich Willkommen Du bist auf der Homepage von Anna. Ich bin 13 Jahre alt und Schülerin des ABC-Gymnasiums. Auf dem Bild siehst du meine Katze Minna. Mehr von mir erfährst du hier.

Beobachtung:

- Zeilenumbrüche und andere Formatierungen im Text werden ignoriert.
- Der Browser fügt Zeilenumbrüche je nach Festerbreite ein.
- Die Schriftart und -größe ist anders.
- Der Text selbst wird ohne Veränderung übernommen.

Zeichenformatierung

Für die Zeichenformatierung werden z. B. folgende Auszeichnungssymbole verwendet:

`<b>` (`</b>`)	Fettschrift einschalten (ausschalten)
`<i>` (`</i>`)	Kursivschrift einschalten (ausschalten)
`<font color=red>`	Schriftfarbe rot einschalten
`</font>`	Farbe ausschalten
` `	neue Zeile beginnen

bold (engl.): *fett*
italic (engl.): *kursiv*
font (engl.): *Schriftart*
break (engl.): *Unterbrechung*
headline (engl.): *Überschrift*

```
<font color = red> Herzlich Willkommen
</font><br>
Du bist auf der Homepage von <b>Anna</b>.
Ich bin 13 Jahre alt und Schülerin des <i>
ABC-Gymnasiums</i>. Mehr von mir erfährst du
hier.
```

http://www.dfbslvslfcsdvls-darfv.de

Herzlich Willkommen
Du bist auf der Homepage von **Anna**. Ich bin 13 Jahre alt und Schülerin des *ABC-Gymnasiums.* Auf dem Bild siehst du meine Katze Minna. Mehr von mir erfährst du hier.

Überschriften

Mit `<h1>` bis `<h6>` werden Überschriften festgelegt (h1 ist die größte, h6 die kleinste). Welche Schriftgrößen und Absatzabstände dann tatsächlich angezeigt werden, bestimmen die Voreinstellungen des Browsers.

```
<h3><font color = red> Herzlich Willkommen
</font></h3><br>
Du bist auf der Homepage von <b>Anna</b>.
Ich bin 13 Jahre alt und Schülerin des <i>
ABC-Gymnasiums</i>. Mehr von mir erfährst du
hier.
```

http://www.dfbslvslfcsdvls-darfv.de

Herzlich Willkommen

Du bist auf der Homepage von **Anna**. Ich bin 13 Jahre alt und Schülerin des *ABC-Gymnasiums.* Auf dem Bild siehst du meine Katze Minna. Mehr von mir erfährst du hier.

Absatzformatierung

Durch <br> wird zwar eine neue Zeile begonnen jedoch kein neuer Absatz.
Dafür verwendet man folgende Symbole:

<p> (</p>)	Beginn (Ende) eines Absatzes
<div align=center>	Ausrichtung zentriert ein
<div align=left>	Ausrichtung linksbündig ein
</div>	Ausrichtung auf den Standardwert zurücksetzen.

paragraph (engl.): *Absatz*
division (engl.): *Bereich*
to align (engl.): *ausrichten*

```
... <i>ABC-Gymnasiums</i>.
<p><div align=center> Auf dem Bild siehst du
meine Katze Minna.</div></p>
<p><div align=right>
Mehr von mir erfährst du hier.
</div></p>
```

Bilder

Bilder sind nicht Teil einer Seite, es wird lediglich ein Verweis darauf in den Text geschrieben. Erst bei der Darstellung im Browser wird das Bild in der angegebenen Größe dort, wo der Verweis steht, wie ein Zeichen eingefügt.

```
... <i>ABC-Gymnasiums</i>.
<p><div align=center>
<img src="Katze.jpg" width="160"
height="120">
</div></p>
<p><div align=center>
Auf dem Bild siehst du meine Katze Minna.
</div></p>
<p><div align=right>
Mehr von mir erfährst du hier.
</div></p>
```

Verweise

Auch bei Verweisen muss eine Referenz in den Text geschrieben werden.

Statt Verweis sagt man oft auch Referenz.

```
... <i>ABC-Gymnasiums</i>.
<p><div align=center>
<img src="Katze.jpg" width="160"
height="120">
</div></p>
<p><div align=center>
Auf dem Bild siehst du meine Katze Minna.
</div></p>
<div align=right>
Mehr von mir erfährst du
<a href="MehrVonMir.html">hier</a>.</div>
```

7.10 Hypertextstrukturen analysieren und umsetzen

In einer Hypertextstruktur stellt ihr für eure Mitschüler dar, wie sie beim Fahrradfahren zu ihrer eigenen Sicherheit beitragen können. Da dies sehr aufwändig ist, arbeitet ihr in Teams. Die Ergebnisse werden am Ende zu einer einheitlichen Website zusammengeführt.

Beachte: Die Begriffe Website und Homepage werden fälschlicherweise oft gleichbedeutend verwendet. Zur Website (kurz: Site) gehören alle Dokumente (oft Seiten genannt) eines Internetauftritts. Der Begriff Homepage bezeichnet nur die Startseite, die beim Aufruf der Webadresse angezeigt wird. Um Zweideutigkeiten zu vermeiden wird im Folgenden der Begriff Startseite verwendet.

Schritt 1

Überlegt euch, wie der Benutzer durch die Site geleitet werden soll. Dadurch ergibt sich ihre grobe Struktur. Diese entsteht durch die Verbindung der Dokumente durch Verweise.

Die Site könnte als Informationsquelle dienen, in der der Benutzer nach Interesse die Dokumente in beliebiger Reihenfolge aufruft. Dann bietet sich eine Baumstruktur an. Von der Startseite aus sollte jedes Hauptdokument erreichbar sein.

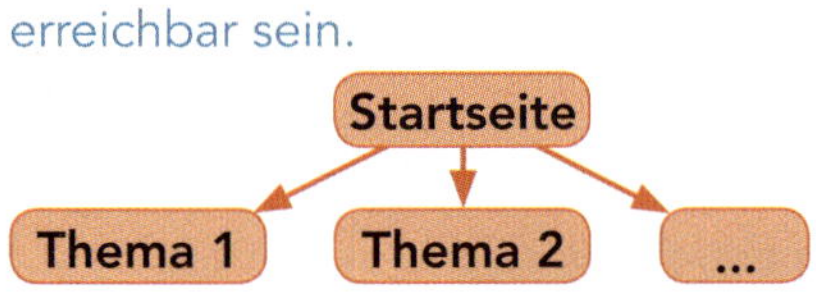

Eine andere Möglichkeit ist es, die Site als Lernprogramm anzulegen. Die Seiten sollen in einer bestimmten Reihenfolge durchlaufen werden. Hier wäre eine Liste sinnvoll.

Schritt 2

Einigt euch, welche Themen ihr ansprechen wollt und wie die Inhalte sinnvoll auf Dokumente zu verteilen sind. Jedes Dokument wird dann von einer Gruppe erstellt.

Möglich ist z. B. folgende Einteilung:

- passive Sicherheit: Fahrradhelm und vor allem nachts reflektierende Kleidung tragen, …
- Verhalten im Verkehr: Verkehrsregeln beachten, eindeutige Zeichen geben, …
- vor dem Start: Bremsen und Licht kontrollieren, Strecke so planen, dass sie, wo immer möglich, Radwege enthält, …

Schritt 3

Verknüpft die Dokumente je nach Struktur durch Verweise miteinander.

Bei der Baumstruktur:
Jedes Hauptdokument (Thema 1, Thema 2 usw.) ist von der Startseite aus erreichbar – und umgekehrt. Gibt es weitere Dokumente, die man z. B. von Thema 1 aus erreicht, muss es auch wieder einen Verweis zurück geben, eventuell auch zur Startseite.

Bei der Liste:
Von der Startseite aus erreicht man Thema 1, von jedem weiteren Thema aus das vorherige und das nachfolgende.

Schritt 4

Fügt nun weitere Verweise ein, um die Möglichkeiten der Hypertextstruktur besser zu nutzen. Achtet darauf, dass eure Mitschüler den Überblick behalten.

Bei der Baumstruktur:
Da die Kontrolle der Beleuchtung vor Fahrtantritt vor allem bei Dunkelheit wichtig ist, sollte hier ein Verweis auf das Dokument eingefügt werden, in dem reflektierende Kleidung angesprochen wird.

Bei der Liste:
Sinnvoll ist das Einfügen eines Abschlussdokumentes mit einer Zusammenfassung.
Von dieser und jedem Themendokument aus sollte es einen Verweis auf die Startseite geben.

Weitere Verweise sind bei einem Lernprogramm höchstens zu bereits durchgearbeiteten Dokumenten sinnvoll, da eure Mitschüler sonst unabsichtlich oder absichtlich Themen überspringen können.

Beachte:
Die durch die Vernetzung entstehende Hypertextstruktur sollte dem Verwendungszweck angemessen sein und den Benutzer nicht überfordern. Folgende Strukturen sind selten sinnvoll:

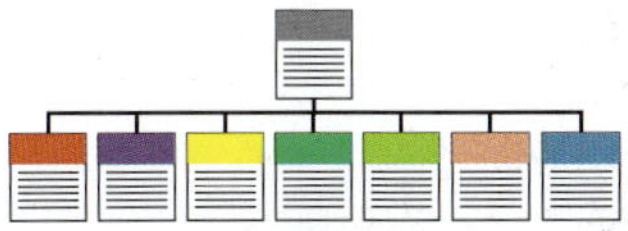

Flache Struktur:
Hier müssen zu viele Information und Verweise auf der Startseite untergebracht werden. Sie wird dadurch unübersichtlich. Besser ist es zu einigen Themen Überbegriffe zu finden und für diese ein Dokument anzulegen, von dem aus es Verweise auf die Dokumente mit den Unterbegriffen gibt.

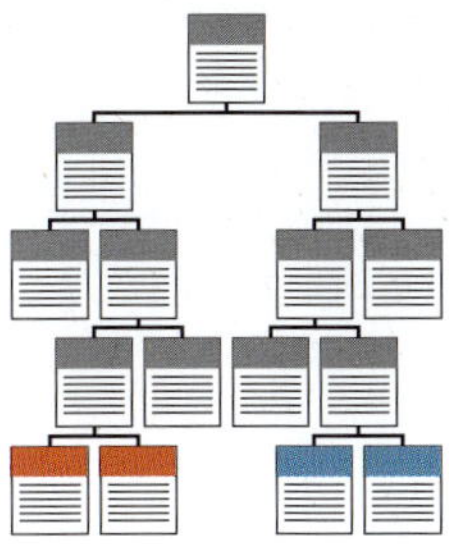

Tiefe Struktur:
Hier wird die Startseite eventuell zu leer, dafür muss sich der Benutzer aber durch zu viele Unterseiten klicken, um die gewünschte Information zu erreichen. Hier könnte es eine Lösung sein mehr als ein Thema in einem Dokument zu behandeln.

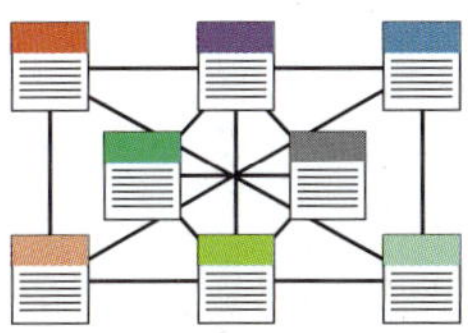

Vollständiger Graph:
Eine Verknüpfung jedes Dokuments mit jedem anderen lässt dem Benutzer die freie Wahl wo er weiterlesen möchte. Dies ist jedoch sachlich selten gerechtfertigt. Nicht alles hat einen Bezug zu jedem. Es sollten nur sinnvolle Verweise eingefügt werden.

Jetzt bist du dran.

1 Verwende für die Aufgaben das Beispiel auf der linken Seite. Gib sowohl für die Baumstukturen als auch für die Liste je eine Lösung an.

a) Gib drei sinnvolle Namen für die Dokumente an und zeichne das Objektdiagramm mit allen in Schritt 3 vorgeschlagenen Verweisen.
b) Füge zu einem Dokument im Baum zwei Unterseiten ein und ergänze sinnvolle Verweise.
c) Nenne zwei weitere Beispiele für Verweise, wie sie in Schritt 4 angesprochen werden.
d) Erstelle mit einem WYSIWIG-Editor jeweils eine gut gestaltete Startseite. Füge mindestens ein Bild ein.
e) Für jede Site ist in Deutschland ein Impressum vorgeschrieben. Recherchiere, was dort genau enthalten sein muss, und erstelle ein solches Dokument mit erfundenen Daten.
f) Ergänze beide Graphen um das Dokument `Impressum`.

2 Begründe, welche Struktur sich bei Sites ergibt, die die genannten Themen darstellen. Nenne auch jeweils ein Beispiel, warum es sinnvoll sein kann, die speziellen Strukturen Liste und Baum zu einer allgemeineren vernetzten Informationsstruktur zu erweitern.

a) Die Sonne, jeder Planet im Sonnensystem und jeweils die wichtigsten Monde werden in einem Dokument vorgestellt.
b) Für jedes Jahr, in dem eine Fußball- (Handball-, Eishockey-, usw.) Weltmeisterschaft stattfand, wird ein Dokument erstellt, in dem die jeweilige Weltmeistermannschaft vorgestellt wird.
c) In Teilaufgabe b) gibt es zwei sinnvolle Möglichkeiten. Diskutiere jeweils die Vor- und Nachteile.

7.11 Üben und Vertiefen

1 Das Spiel FC Holzbein gegen die Meniskus Kickers endete 2:2. Zu Beginn stand es natürlich 0:0. Jeder mögliche Spielstand in diesem Spiel, z. B. 2:1, ist Knoten eines Graphen. Zwei Knoten sind genau dann miteinander verbunden, wenn sich der Spielstand nur um ein Tor unterscheidet. Von 1:0 gibt es also eine Kante nach 2:0, aber nicht nach 0:1.

a) Zeichne den zugehörigen Graphen möglichst übersichtlich. Zähle die Knoten und die Kanten.
b) Stelle eine mögliche Torfolge (z. B. 0:0, 0:1, 1:1, 2:1, 2:2) im Graphen dar. Ermittle die Anzahl der Torfolgen für das Ergebnis 2:2.

c) Zeichne auch die Graphen für die Ergebnisse 1:1 und 3:3. Zähle wieder die Knoten und die Kanten.
d) Überlege dir eine Formel, mit der du aus dem Spielergebnis bei einem Unentschieden die Anzahl der Knoten berechnen kannst.

2 Recherchiere im Internet.

a) Was versteht man unter dem 100-jährigen Kalender und von wem wurde er wann und wo erstellt?
b) Finde Seiten im Internet, die behaupten, dass er Gültigkeit hat, und welche, die das bestreiten. Belege, welche Einschätzung stimmt.

c) Bestätige oder widerlege folgende Aussagen:
Hurrikane und Tornados sind dasselbe.
Zyklone und Taifune sind dasselbe.
d) Finde heraus, wie der Körper auf diesem Bild heißt. Er gehört zu einer Gruppe von fünf Körpern. Finde die Namen und Bilder der anderen.

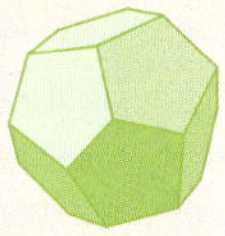

3 Der Planet Jupiter hat über 70 Monde, also Himmelskörper, die um ihn kreisen. Die vier größten heißen Ganymed, Kallisto, Io und Europa. Im Hypertextdokument `Jupiter.html` sind diese vier Monde genannt und als Auslösestelle formatiert.

a) Klickt man das Wort Ganymed (Kallisto, Io, Europa) an, wird das Hypertextdokument `Ganymed.html` (`Kallisto.html`, `Io.html`, `Europa.html`) geöffnet. In jedem dieser Dokumente befindet sich ein Verweis mit der Zieladresse `Jupiter.html`. Zeichne das Objektdiagramm, das die Verknüpfung dieser fünf Dokumente veranschaulicht.
b) Recherchiere einige Eigenschaften des Planeten Jupiter und gestalte das Hypertextdokument `Jupiter.html` mit einem WYSISYG-Editor. Denke auch an aussagekräftige Bilder.

c) Gestalte auch Hypertextdokumente für die vier genannten Monde und verknüpfe alle Dokumente so, wie es dem Graphen in Teilaufgabe a) entspricht.
d) Recherchiere die Namen einiger weiterer Monde und gestalte für sie ein gemeinsames Hypertextdokument `Monde.html`.
e) Werden im Dokument `Monde.html` alle weiteren Monde des Jupiters beschrieben, wird es sehr lang. Schlage Lösungen zur Verbesserung der Handhabung vor, ohne dass der Inhalt auf mehrere Seiten verteilt wird.

4 a) Finde Wege durch den Graphen, so dass die Buchstaben der Knoten aneinandergereiht Begriffe ergeben, die du in diesem Kapitel gelernt hast.
b) Ergänze den Graphen so, dass einige weitere Begriffe herauslesbar sind.

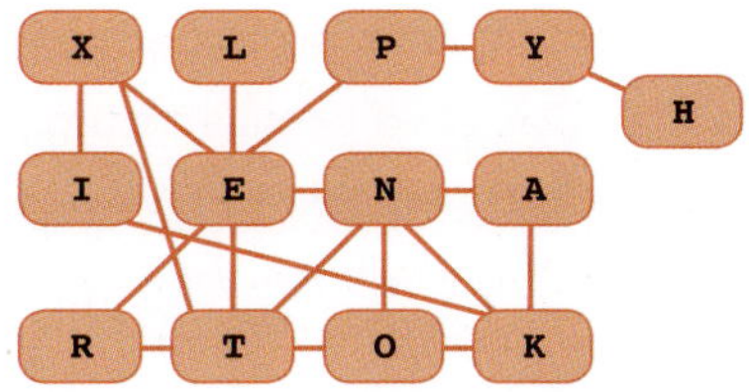

5 a) Finde eine Weltkarte im Internet, auf der Südamerika, Afrika und Grönland zu sehen sind.
b) Johannes meint: *„Grönland ist größer als Südamerika, vielleicht sogar größer als Afrika."* Belege oder widerlege diese Aussage.
c) Sonja behauptet: *„Der Name Grönland kommt von grün, Grönland heißt also übersetzt Grünland."*. Eva entgegnet: *„Das ist Unsinn, dort gibt es doch fast nur Eis."* Kläre, wer Recht hat.
d) Igor meint: *„Im Norden Kanadas gibt es einige Inseln, die größer sind als Neuguinea."* Belege oder widerlege diese Aussage.

6 Setzt das Spiel von Kapitel 7.4 Aufgabe 2 fort. Simuliert jeweils die beschriebenen Situationen und beantwortet dann die gestellten Fragen. Begründet alle Antworten.

a) Der Text eines Hypertextdokumentes wird nicht in einem Stück übertragen, sondern einzeln in sogenannten Paketen. Diese müssen weder denselben Weg nehmen, noch in der richtigen Reihenfolge ankommen.
   - Müssen die Paketnummern 1/4 bis 4/4 für die vier Teile eines Hypertextdokumentes auf den Umschlägen oder den Zetteln stehen?
   - Wie reagiert der Empfänger, wenn die Pakete nicht in der richtigen Reihenfolge ankommen?
b) Pakete können unter unglücklichen Umständen ewig im Internet kreisen. Daher enthält jedes Paket eine natürliche Zahl, die *Lebensdauer* heißt. Jeder Router verringert sie vor dem Weitertransport um 1. Ist 0 erreicht, vernichtet er das Paket.
   - Muss die Lebensdauer auf dem Umschlag oder auf dem Zettel stehen?
   - Wie könnte der Empfänger reagieren, wenn ihm Pakete fehlen?
c) Rechner können auch ausfallen oder Verbindungen unterbrochen sein. Was passiert, wenn
   - einige Router nicht mehr erreichbar sind?
   - der adressierte Server ausgefallen ist?
   - der Client nach dem Abschicken eines Auftrags nicht mehr erreichbar ist?
   - zwischen zwei Bankreihen keine Verbindung mehr besteht?
d) Stellt euch vor, jeder Router gibt die Umschläge nicht nur an **einen** Nachbarn weiter, sondern er kopiert sie und sendet sie an **alle** seine Nachbarn. Was passiert nach kurzer Zeit?
e) Stellt euch vor, sehr viele Clients schicken fast gleichzeitig viele Aufträge an denselben Server. Was passiert? Diesen Effekt nennt man *Denial of Service* (engl., in etwa *Dienstblockade*).

7 Recherchiere, ob folgende Aussagen richtig oder falsch sind.

a) Das Land Brasilien wurde nach einem Baum benannt.
b) Bei uns wird es Winter, weil zu dieser Zeit die Erde weiter von der Sonne entfernt ist.
c) Ein Spiegel vertauscht links und rechts.

8 a) Suche im Internet einen Film, der dir anschaulich und kurz erklärt wie das Internet funktioniert. Notiere dir die wichtigsten Punkte in Stichworten.
b) Sammelt eure Ergebnisse und strukturiert sie sinnvoll.
c) Schreibt die einzelnen Stichworte groß auf ein Plakat und erstellt daraus an der Pinnwand eine Hypertextstruktur. Stellt diese euren Mitschülern vor.

9 Begründe jeweils, ob folgendes erlaubt ist. Wenn du dir nicht sicher bist, versuche die Antwort durch eine Recherche im Internet zu finden.

a) Du hast eine Website und möchtest, dass man dort dein jeweiliges Lieblingslied anhören kann. Dazu fügst du einen Verweis auf die Seite eines öffentlich-rechtlichen Radiosenders ein, wo das Lied zur Verfügung gestellt wird.
b) Du hast eine großartige Landschaftsaufnahme von der Seite eines Verlags heruntergeladen und verwendest sie als Eröffnungsbild in einer Präsentation über deine Schule. Im Anhang der Präsentation gibst du die Quelle korrekt an.
c) Du möchtest folgendes Zitat von Albert Einstein in einer Präsentation verwenden: *„Es ist schwieriger, eine vorgefasste Meinung zu zertrümmern als ein Atom."* Zitiere sowohl direkt als auch indirekt. Verwende als Quelle eine frei erfundene Internetseite.
d) Du findest ein Bild mit der nebenstehenden Lizenz, lädst es herunter, veränderst die Farben und fügst es mit Quellenangabe in deine Website ein.
e) Du hast ein Bild einer Schlüsselblume selbst gemacht und verwendest es ohne weitere Angabe auf deiner Website.
f) Du hast ein Bild einer Zeichnung eines Mitschülers selbst mit einer Kamera aufgenommen und verwendest es ohne weitere Angabe auf deiner Website.

10 Einige Orte am Chiemsee sowie die Herren- und die Fraueninsel sind mit Fähren miteinander verbunden. Die Tabelle zeigt die Fahrzeiten (in Minuten).

Prien/Stock	Herreninsel	15
Bernau/Felden	Herreninsel	23
Herreninsel	Fraueninsel Hauptsteg	10
Gstadt	Fraueninsel Nordsteg	5
Gstadt	Fraueninsel Hauptsteg	10
Übersee/Feldwies	Fraueninsel Hauptsteg	25
Seebruck	Fraueninsel Hauptsteg	30
Seebruck	Chieming	30
Chieming	Fraueninsel Hauptsteg	30

a) Zeichne einen möglichst übersichtlichen Graphen, der diese Verbindungen darstellt.
b) Suche in einem Onlineatlas den Chiemsee. Zeichne den Graphen nochmals und platziere die Knoten nun so, dass deren Anordnung der ungefähren Lage auf der Karte entspricht.
c) Gib Vor- und Nachteile der beiden Darstellungen an.
d) Begründe, warum die Fahrzeiten in der jeweils umgekehrten Richtung nicht angegeben werden müssen. Überlege dir eine Situation, wo das nötig ist.

7.12 Am Ziel

Das große Info-Quiz!

Hier sprechen Begriffe, die du in diesem Kapitel gelernt hast, über sich selbst. Die Zahlen in Klammern geben den Buchstaben im erratenen Begriff an, den du für das Lösungswort brauchst.

A. „Ich bin eine Abkürzung, die besagt, dass du bekommst, was du siehst." .... (3)
B. „Ich bin die Abkürzung für die Adresse einer Datei im Internet." .... (1)
C. „Ich bin der Computer, vor dem ein Nutzer des Internets sitzt." .... (1)
D. „Ich bestehe aus Knoten und Kanten." .... (5)
E. „Ich bin der größte Dienst im Internet." .... (1)
F. „Man nennt mich auch Computer zur Datenweiterleitung (englisches Wort)." .... (2)
G. „Bin ich in einem Textdokument, so ist es ein Hypertextdokument." .... (3)
H. „Keiner nennt mich Internationales Netzwerk." .... (8)

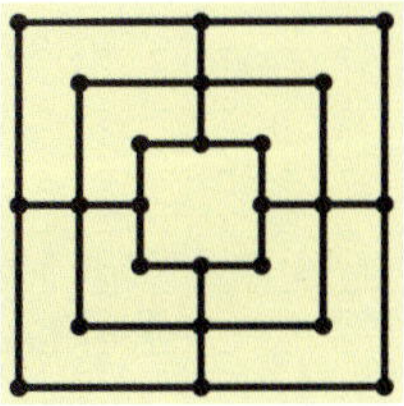

1 Das Spielbrett des Spiels Mühle kann als Graph angesehen werden. Ordne seinen Teilen die Fachwörter zu. Welche Bedeutung haben diese Teile für den Spielablauf?

2 Drei Häuser (H1, H2 und H3) müssen mit jeweils einer eigenen Leitung mit Gas (G), Wasser (W) und Strom (S) versorgt werden. Zeichne einen Graphen mit den Versorgungsleitungen als Kanten.

3 Beschreibe, inwiefern das Spiel „Stille Post" etwas mit dem Client-Server-Prinzip des Internets zu tun hat.

4 Du sollst dich über die Teile von Benzinmotoren informieren und gibst das Suchwort „Zylinder" bei einer Suchmaschine ein.

a) Nenne Beispiele für in diesem Zusammenhang unbrauchbare Ergebnisse.
b) Erläutere, wie du die Suche auf gewünschte Ergebnisse eingrenzen kannst.

5 Du liest: *„Es ist ein Irrtum, dass Bienen nach dem Stechen sterben"*.

a) Erkläre, wie du vorgehst, um entscheiden zu können, ob das stimmt.
b) Zitiere diesen Satz direkt (Quelle ist dieses Buch) und indirekt.

Ich kann …	in Aufgabe	Hilfe
vernetzte Informationsstrukturen analysieren und modellieren.	1; 2	7.1; 7.2
Hypertextstrukturen erstellen, dabei grundlegende Aspekte des Urheberrechts berücksichtigen und einfache Zitiernormen anwenden.	2; 5b	7.7; 7.8
effektive Strategien zur Informationsbeschaffung im Internet nutzen und die Suchergebnisse kritisch bewerten.	4; 5a	7.5; 7.6
den prinzipiellen Mechanismus zur Übermittlung elektronischer Dokumente mithilfe des Wissens über Struktur und Funktionsweise des Internets beschreiben.	3	7.3; 7.4

7.13 Alles im Blick

Graphen ➥ 7.1

Werden Knoten durch Kanten verbunden, so entsteht ein Graph. Mithilfe eines Graphen wird anschaulich dargestellt, welche Objekte miteinander in Beziehung stehen. Bäume und Listen sind spezielle Graphen.

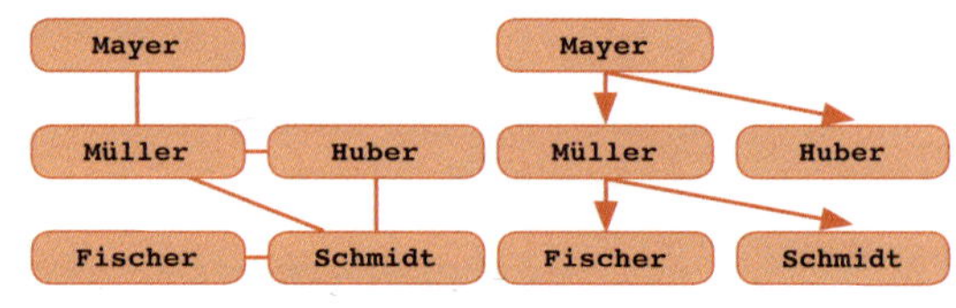

Graph — Spezialfall Baum

Verweis, Hypertextdokument, Hypertextstruktur ➥ 7.2

Ein Verweis ist ein Hinweis auf eine andere Textstelle. Ein Dokument mit Verweisen heißt Hypertextdokument.
Viele durch Verweise verknüpfte Hypertextdokumente nennt man Hypertextstruktur.
Sie kann mithilfe von Graphen anschaulich dargestellt werden.

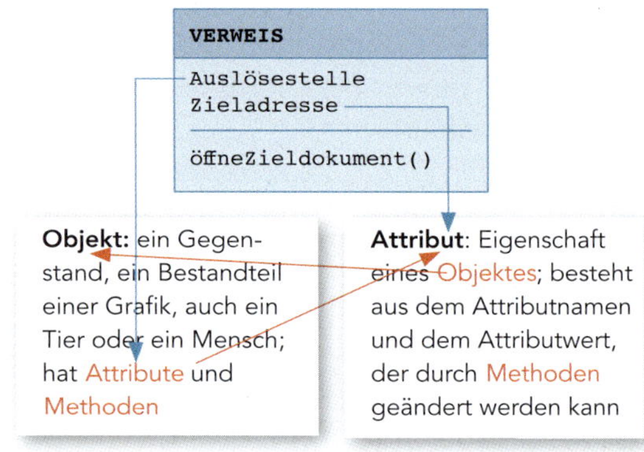

Das WWW als Hypertextstruktur ➥ 7.3, 7.4

Der Dienst WWW des Internets ist eine riesige Hypertextstruktur. Jedes Objekt im Internet hat eine URL, die als Zieladresse angegeben werden kann.
Das Internet funktioniert nach dem Client-Server-Prinzip: Ein Client fordert Informationen von einem Server an. Den Transport vom Client zum Server und zurück übernehmen Vermittlungsrechner (Router).

Beispiel einer URL:
http://www.DasIstErfunden.de/verzeichnis1257/verzeichnis1258/datei99.html
Protokoll — Rechneradresse — Pfad zur Datei — Dateiname

Beispiel einer IP-Adresse: 198.164.0.13

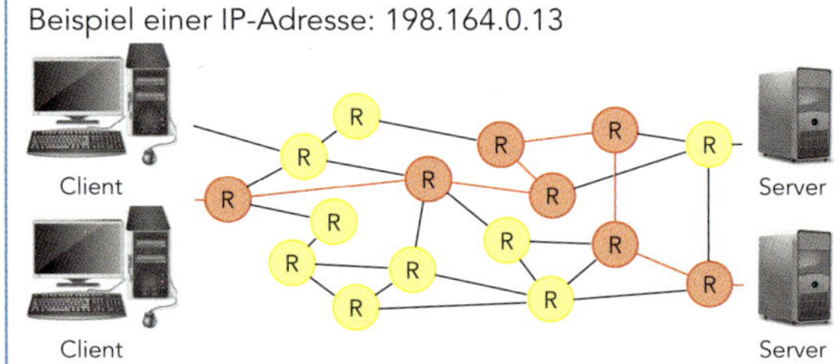

Informationen beschaffen und beurteilen ➥ 7.5, 7.6

Informationen können z. B. mithilfe eines Themenportals, eines Online-Lexikons oder einer Suchmaschine beschafft werden. Gefundene Informationen können falsch oder veraltet sein, daher ist eine Prüfung sinnvoll.

WYSIWYG-Editoren ➥ 7.7, 7.8

Hypertextdokumente des WWW werden in der Sprache HTML geschrieben. Mit einem WYSIWYG-Editor können sie wie mit einem Textverarbeitungsprogramm erstellt werden.
Beim Einfügen fremder Inhalte ist das Urheberrecht zu beachten und korrekt zu zitieren.

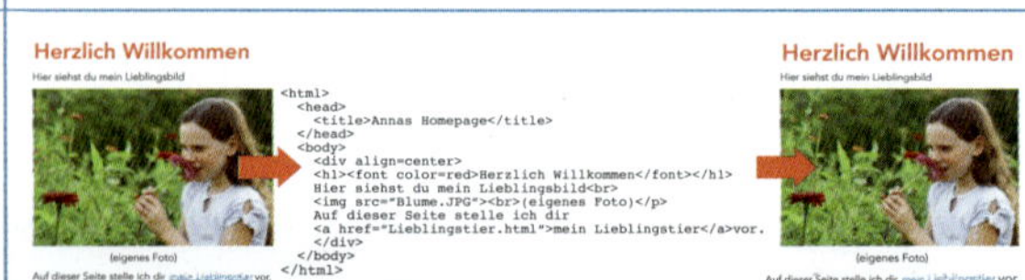

„In der Informatik geht es genauso wenig um Computer wie in der Astronomie um Teleskope."
(Edsger W. Dijkstra)

direktes Zitat

Dijkstra meint es gehe in der Informatik genauso wenig um Computer wie in der Astronomie um Teleskope.

indirektes Zitat

8 Chancen und Risiken digitaler Kommunikation

Einstieg

Jedes der vier Bilder stellt eine Möglichkeit der Kommunikation vor.

1. Beschreibe, wie in Bild 1 und 2 kommuniziert wird.
2. Überlege dir Vor- und Nachteile dieser zwei Kommunikationsarten.
3. Erkläre, welche Risiken in Bild 3 und 4 dargestellt sein könnten.

Bild 1

Bild 2

Bild 3

Bild 4

Am Ende dieses Kapitels hast du gelernt, …

- Vor- und Nachteile digitaler Kommunikation einzuschätzen.
- dich und deinen Computer, dein Smartphone oder andere Geräte vor Gefahren des Internets zu schützen.
- welche Gesetze und Verhaltensregeln bei der digitalen Kommunikation zu beachten sind.
- Cybermobbing nicht als harmlosen Spaß zu sehen.

8.1 Möglichkeiten digitaler Kommunikation

Marie will sich mit Klassenkameraden zum Eislaufen verabreden.

- Überlege dir verschiedene Möglichkeiten, wie Marie sich mit den Klassenkameraden absprechen könnte.
- Welche Vorteile hat es, Absprachen über das Smartphone beziehungsweise über den Computer zu treffen?

Digitale Kommunikation

Anstatt sich in der Schule persönlich abzusprechen, kann Marie ihre Freunde auch mit Hilfe ihres Computers oder über ihr Smartphone erreichen. Werden Informationen durch solche Geräte übertragen, spricht man von **digitaler Kommunikation**. Dazu gehört die Kommunikation zwischen Menschen mit Hilfe von Maschinen und auch die Kommunikation von Maschinen untereinander. Geräte, die zur digitalen Kommunikation verwendet werden können, wie Computer, Tablets und Smartphones, nennt man in diesem Zusammenhang auch Datenendgeräte, dazu nötige Dienste, z. B. E-Mail (→ 7.3), und Programme bezeichnet man als **Messenger**.

Kommunikationsarten

Es gibt folgende Kommunikationsarten, wobei auch Mischformen möglich sind:

synchrone Kommunikation	asynchrone Kommunikation	bidirektionale Kommunikation	unidirektionale Kommunikation
Die Teilnehmer müssen gleichzeitig online sein. Beispiele: Videokonferenzen, Chat	Die Teilnehmer können Nachrichten auch später lesen und beantworten. Beispiele: SMS, E-Mail	Alle Teilnehmer können Informationen übermitteln. Beispiele: SMS, E-Mail, Chat	Der Empfänger einer Information kann nicht antworten. Beispiele: Radio, Fernsehen

Videokonferenz, Chat, Telefon:
synchron, bidirektional

E-Mail, SMS:
asynchron, bidirektional

Radio, Fernsehen:
synchron, unidirektional

Zeitung:
asynchron, unidirektional

In **sozialen Netzwerken** können sich Gruppen mit gemeinsamen Interessen zum Informationsaustausch zusammenfinden. Sie bieten zur Kommunikation meist auch so genannte Instant Messenger, bei denen der Nachrichtenaustausch fast in Echtzeit ablaufen kann, d. h. der Empfänger sieht die Nachricht praktisch sofort, nachdem sie der Absender abgeschickt hat.

Vorteile digitaler Kommunikation und digitaler Medien

Die Verwendung eines digitalen Mediums hat einige Vorteile.

- Teilnehmer können sich unabhängig von äußeren Einflüssen (z. B. schulfreie Tage) erreichen und müssen sich nicht treffen.
- Nicht alle Betroffenen müssen gleichzeitig an der Kommunikation teilnehmen.
- Verschiedenste Darstellungsformen von Informationen (→ W1) können übermittelt werden.
- Der Nachrichtenaustausch geht sehr schnell, oft in Sekunden.
- Da sich die Teilnehmer nicht zwingend persönlich kennen müssen, bietet die digitale Kommunikation die Chance mit Menschen in Kontakt zu treten, bei denen das persönlich nicht möglich wäre.

Merke

Digitale Kommunikation bezeichnet die Kommunikation sowohl zwischen Menschen mit Hilfe von Maschinen als auch zwischen Maschinen. Dazu nötige Dienste (z. B. E-Mail) und Programme heißen **Messenger**.
Mithilfe von Messengern können verschiedene Darstellungsformen von Informationen (auch Dokumente) übermittelt werden.
Der Austausch von Nachrichten geschieht sehr schnell, bei Instant Messengern fast in Echtzeit. Diese Möglichkeit bieten vor allem soziale Netzwerke, in denen sich Gruppen mit gemeinsamen Interessen zusammenfinden können.

Aufgaben

1 Eric möchte während der Ferien seine Freunde zu einer Party einladen und mit ihnen einen Termin absprechen, an dem alle kommen können.

a) Begründe, warum es ungünstig ist, alle nacheinander anzurufen.
b) Beschreibe, wie Eric hätte vorgehen müssen, als es noch keine digitale Kommunikation (auch kein Telefon!) gab.
c) Nenne Vorteile eines synchronen (asynchronen) Kommunikationsmediums.
d) Während der Party hat Eric einige Bilder und Videos aufnehmen lassen. Nenne Möglichkeiten, wie er diese allen Freunden zugänglich machen kann.

2 Laura hat Windpocken und darf wegen der Ansteckungsgefahr weder in die Schule noch ihre Freundinnen treffen. Gib geeignete Kommunikationsmedien für folgende Aufgaben an:

a) Um nicht zu viel zu verpassen, möchte sie die Hausaufgaben mitmachen.
b) In einer Woche hat sie mit ihrer Klassenkameradin Lea eine Präsentation zu halten, an der beide weiterarbeiten sollen.
c) Sie erreicht ihren Freund Lukas nicht und möchte, dass er sich meldet.

3 Viele Videoplattformen bieten ein Bewertungssystem für Videos sowie die Möglichkeit, Kommentare zu hinterlassen.

a) Suche eine Videoplattform und untersuche, welche Arten der Kommunikation sie bietet. Ordne diese den passenden Fachbegriffen zu.
b) Begründe, warum es sich bei der Möglichkeit Kommentare zu verfassen nicht um synchrone Kommunikation handelt. Überlege, was zusätzlich bei synchroner Kommunikation möglich sein müsste.

4 Onlinekonferenzen werden meist als Videokonferenzen durchgeführt, obwohl sie ohne Bild auch möglich wären.

a) Überlege dir, warum es vorteilhaft ist, dass sich die Teilnehmer sehen.
b) Diskutiert Vor- und Nachteile einer solchen Konferenz gegenüber einer, bei der sich alle Teilnehmer in einem Raum treffen.

5 In fast allen digitalen Kommunikationsmedien existieren Möglichkeiten, Unterhaltungen zu archivieren (speichern), z. B. über ein Bildschirmfoto (Screenshot). Überlege dir, warum es sinnvoll sein kann, Unterhaltungen zu archivieren. Diskutiert aber auch mögliche Nachteile.

8.2 Gefahren im Internet

Lisa und Okan sind auf Klassenfahrt. In der Stadt zeigt Lisas Smartphone an, dass es sich mit einem ihr unbekannten WLAN-Netzwerk verbunden hat, das kein Passwort zum Verbinden benötigt. Sie will gleich ihren Freundinnen daheim berichten, doch Okan warnt.

- Nenne Gründe, warum Okans Bedenken gerechtfertigt sein können.
- Welche Schutzmaßnahmen könnte Lisa ergreifen?

Vorsicht, Spione!

WLAN = wireless local area network (engl.): *drahtloses, lokales Netzwerk*

hacker (engl.): *Datenpirat*

Gerade wenn zum Verbinden mit einem WLAN-Netzwerk kein Passwort benötigt wird, können dort unerkannt auch Personen mit betrügerischen Absichten aktiv sein. Diese Personen nennt man in diesem Zusammenhang oft Hacker. Sie lesen mit Hilfe spezieller Programme Nachrichten mit, die Lisa sendet oder empfängt. Das gelingt ihnen teilweise sogar bei verschlüsselten Nachrichten.

Viren und Trojaner

Programme, die geschrieben wurden, um auf Computern, Smartphones oder anderen Geräten Schaden anzurichten, nennt man Schadprogramme oder **Viren**. Sie gelangen vom Benutzer unbemerkt auf die Geräte und verbreiten sich von dort aus weiter. Damit Benutzer Schadprogramme freiwillig installieren, geben manche vor, etwas Nützliches zu tun. Solche Progamme nennt man **Trojaner**.
Sie können Schäden anrichten wie:

- Löschen oder Verschlüsseln von Dateien: Um solche Dateien wieder lesbar machen zu können, muss der Benutzer ein Lösegeld zahlen.
- Ausspionieren von Zugangsdaten zu Internetseiten oder Adressbüchern
- Aktivieren von Kameras und Mikrofonen: Auf diese Weise kann die Wohnung ausspioniert oder Gespräche mitgehört werden.

Gefälschte virtuelle Identitäten

Juliana erhält eine E-Mail mit dem Absender Ihres Internetanbieters. Darin wird gebeten, dass sie doch bitte ihr Passwort nach Eingabe des alten Passwortes ändern solle. Ein Verweis (➥ 7.2) in der E-Mail führt auf die spezielle Internetseite. Nachdem Juliana der Bitte nachgekommen ist, sind plötzlich viele ihrer Handyfotos im Internet zu sehen.
Was Juliana hier passiert ist, kommt sehr häufig vor. Eine sogenannte Phishing-Mail (abgeleitet vom Wort „fischen") dient als Köder. Kriminelle wollen auf diesem Weg an Daten wie Passwörter, PINs, Kontonummern usw. kommen, um sich für eine andere Person ausgeben zu können. Dies nennt man eine gefälschte virtuelle Identität. Damit können sie dann im Namen dieser Person Nachrichten verbreiten, die nicht deren Meinung widergeben oder Waren auf deren Rechnung bestellen.

Abofallen

Um sich Hilfe bei den Hausaufgaben zu holen, surft Emre im Internet und landet bei einer der zahlreichen Seiten, die komplette Lösungen für Aufgaben und Referate versprechen. Man solle nur seine Daten, wie Namen und Adresse, eingeben. Eine Woche, nachdem Emre dies getan hat, erhält er eine Rechnung über 20 € pro Monat.

Manche Internetseiten oder Spiele wollen die Daten eines Nutzers und versprechen dabei einen kostenlosen Nutzen. Tatsächlich verstecken sie aber im Kleingedruckten entstehende Kosten. Dies kann ein einmaliger Betrag sein, oder aber auch ein monatlich zu zahlender Betrag. Letzteres ist eine sogenannte **Abofalle**.

Abgehört im Internet

Benjamin surft gerne und viel im Internet. Dazu hat er seinen Browser mit zahlreichen Zusatzprogrammen („Add-Ons") ausgestattet. Ein paar Wochen später erhält er eine Nachricht. Darin sind alle Webseiten und der Inhalt aller E-Mails aufgelistet, die er im letzten Monat besucht bzw. geschrieben hat. Der Absender droht, diese Informationen zu veröffentlichen, wenn Benjamin nicht einen bestimmten Betrag bezahlt.
Kriminelle können Zusatzprogramme für Browser dazu benutzen, alles auszuspionieren, was man im Internet macht. Daher sollte man Programme ausschließlich aus vertrauenswürdigen und seriösen Quellen herunterladen und nur wirklich benötigte Software installieren.

Merke

Im Internet und in unbekannten Netzwerken gibt es viele Gefahren.
Viren sind Schadprogramme, die unbemerkt im Hintergrund ausgeführt werden.
Trojaner geben vor, etwas Nützliches zu tun und werden daher vom Benutzer oft bewusst installiert.
Folgen der dadurch ausgespähten Daten können z. B. **gefälschte virtuelle Identitäten** oder **Abofallen** sein.

Aufgaben

1 Bearbeite mithilfe geeigneter Recherchen folgende Arbeitsaufträge im Heft.
- a) Definiere den Begriff Virus aus technischer und medizinischer Sicht.
- b) Definiere den Begriff Trojaner aus technischer und historischer Sicht.
- c) Beschreibe kurz die Geschichte vom Trojanischen Pferd.

2 Nachdem Franz sein Smartphone mit einem ihm unbekannten WLAN-Netzwerk verbunden hatte, geschehen seltsame Dinge. Erkläre.
- a) Ein Freund ruft ihn an, dass er eine beleidigende E-Mail von Franz erhalten hat. Franz bestreitet aber, diese gesendet zu haben.
- b) Auf seiner Seite eines sozialen Netzwerkes erscheinen Meldungen, die Franz nicht geschrieben hat.
- c) Etwas später kann er sich in dieses Netzwerk nicht mehr einloggen. Es erscheint immer die Meldung, dass das Passwort falsch wäre. Aber Franz ist sich sicher, das korrekte eingegeben zu haben.
- d) Auch bei anderen Webseiten wird ihm plötzlich der Zugang verwehrt.

8.3 Schutz eigener Endgeräte

Im Mittelalter wurden Burgen zum Schutz der Einwohner gebaut.

- Erläutere, wie eine Burg diesen Schutz gewährleisten konnte. Wie konnte das eigene Volk in die Burg hinein- und wieder herauskommen? Wie konnte unerwünschten Personen der Zutritt verweigert werden?
- Wie konnte die Sicherheit im Inneren der Burg garantiert werden? Diskutiere verschiedene Möglichkeiten.
- Diskutiert ähnliche Probleme, die heutzutage gelöst werden müssen.

Schutz eigener Endgeräte durch Software

Ein Programm, das den Zugang schädlicher Software verhindern soll, nennt man eine **Firewall**. Ein **Virenscanner** versucht bekannte Viren und Trojaner (→ 8.2), die trotzdem in die Geräte gelangt sind, aufzuspüren und zu beseitigen.

firewall (engl.): *Brandschutzmauer*

	Die Burgmauer verhindert den unkontrollierten Zutritt von Personen und Waren. Nach einer Überprüfung haben die Personen dann möglicherweise Zutritt.		Die Firewall verhindert, dass unkontrolliert Programme und Daten in die Endgeräte gelangen.
	Wachen überprüfen verdächtige Personen, die sich bereits in der Burg aufhalten, und nehmen sie gegebenenfalls gefangen.		Virenscanner überprüfen verdächtige Programme, die sich auf dem Endgerät befinden, und entfernen sie gegebenenfalls.

2-Faktor-Authentifizierung: Diese erhöht die Sicherheit, da der Zugang nur dann erlaubt wird, wenn neben der Eingabe des korrekten Passwortes z. B. ein weiterer Code eingegeben wird, den man per SMS an eine vorher angegebene Mobilfunknummer bekommen hat. Daher reicht es nicht, wenn ein Hacker dein Passwort geknackt hat.

Schutz eigener Endgeräte durch das eigene Verhalten

Um die angesprochenen Gefahren (→ 8.2) möglichst gering zu halten, sollten folgende Regeln beachtet werden:

- Vorsicht bei fremden WLANs, gerade wenn kein Passwort benötigt wird
- Niemals in E-Mails von unbekannten Absendern auf Anhänge oder Verweise klicken
- Dubiose Webseiten meiden
- Keine kostenlosen Programme von zweifelhaften Internetseiten installieren

Wichtig ist der Schutz von Benutzerkonten und Endgeräten vor unbefugtem Zugriff durch **sichere Passwörter**, die nicht erraten werden können. Dabei ist zu beachten:

- Lange Passwörter mit möglichst vielen unterschiedlichen Zeichen wählen
- Nie Passwörter versehentlich oder aus Angeberei ausplaudern
- Nie das gleiche Passwort für unterschiedliche Benutzerkonten verwenden
- Die Passwörter öfters mal ändern
- Passwörter nie auf fremden Endgeräten speichern (lassen)
- Eine 2-Faktor-Authentifizierung verwenden (s. o.)

Nicht nachmachen! Liste von schlechten Passwörtern:

- 123456789
- qwertz
- geheim
- passwort
- schule
- 1234
- asdf
- bayern
- fußball
- hans
- abc123
- 111111
- hallo
- schulaufgabe
- informatikistcool

Merke

Zum Schutz der eigenen Endgeräte sollte stets die aktuellste Version des Betriebssystems und der Software installiert sein. Neue Sicherheitsupdates müssen sofort installiert werden!
Die **Firewall** schützt vor Zugriffen von außerhalb, also dem Internet. **Virenscanner** dienen dazu, Schadprogramme zu finden, sie an der Ausführung zu hindern und zu löschen. Beide müssen installiert und aktiviert sein.
Äußerst wichtig ist es, stets möglichst **sichere Passwörter** zu verwenden. Falls möglich, sollte eine 2-Faktor-Authentifizierung genutzt werden.

Aufgaben

1 Recherchiere im Internet und formuliere die Ergebnisse kurz und übersichtlich in deinem Heft. Finde …

a) weitere Tipps für die Auswahl sicherer Passwörter.
b) Möglichkeiten, sich verschiedene Passwörter für viele Zugänge auszudenken und auch zu merken.
c) Möglichkeiten, sich Passwörter trotz regelmäßiger Änderungen zu merken.
d) welche Anforderungen verschiedene Seiten an die Passwörter stellen, z. B.:
- Wie viele Zeichen muss es mindestens enthalten?
- Welche Arten von Zeichen müssen vorkommen?

2 Beantworte mithilfe geeigneter Recherchen die folgenden Fragen. Formuliere dazu die Ergebnisse kurz und übersichtlich in einem Textdokument.

a) Wieso ist es wichtig, Software und Betriebssystem aktuell zu halten?
b) Welche Arten von Schadsoftware sind momentan die häufigsten? Wie verbreiten sich diese Programme? Was sollte man tun bzw. nicht tun, um sich davor zu schützen?
c) Sammelt eure Ergebnisse, erstellt eine kurze Präsentation und stellt diese vor.

3 Paul erhält die nebenstehende E-Mail von Franz.

a) Recherchiere im Internet, was die Endungen `.avi` und `.exe` bedeuten.
b) Erläutere, warum Paul hier vorsichtig sein und wahrscheinlich besser nicht auf den Verweis klicken sollte. Gehe dabei auch auf die genaue Formulierung im Text der E-Mail ein.

Von: Franz
An: Paul
Betreff: Lustig
Nachricht:
Schau dir unbedingt dieses tolle Katzenvideo an.
Klick auf die Datei, die angehängt ist.
> Katze.avi.exe

4 Verwende deine Rechercheergebnisse aus Aufgabe 1 und 3.

a) Beurteile deine eigenen Passwörter, ob sie den Tipps für die Auswahl sicherer Passwörter genügen.
b) Teile die schlechten Passwörter auf der linken Seite in Gruppen ein (z. B. `1234`, `abcd` und `abc123`) und begründe für jede Gruppe, warum und für welche Personen diese Passwörter nicht sicher genug sind.
c) Nenne drei weitere Passwörter, die speziell du nicht verwenden solltest. Begründe.
d) Erläutere, warum das mehrmalige Verwenden des gleichen Passwortes mit verschiedenen Accounts ein Sicherheitsrisiko darstellt.
e) Diskutiert Vor- und Nachteile, die sich aus dem Ratschlag ergeben, die Passwörter öfters zu ändern.

8.4 Verhalten im Internet

Thessa aus Hamburg hat die Einladung zu ihrer Geburtstagsparty über ein soziales Netzwerk verschickt. Da Hunderte zur Feier kommen wollten, hat sie diese wieder abgesagt.

- Beschreibe, wo Thessa einen Fehler gemacht hat.
- Erkläre, warum Zeit und Ort der Feier für die unwillkommenen Gäste eine wichtige Information sind, und überlege, wie Thessa diese Information hätte schützen sollen.

Freunde, Bekannte, Fremde

to post (engl.): *verschicken*
hier speziell:
eine Nachricht in einem sozialen Netzwerk senden
post (engl): *Beitrag*

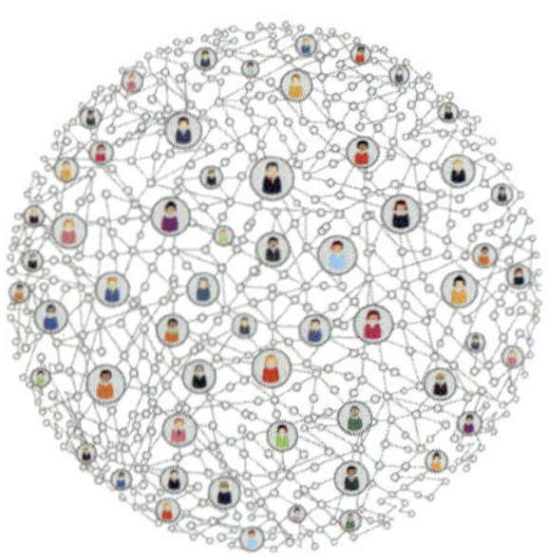

Das Posten einer Nachricht in einem sozialen Netzwerk kann man sich so vorstellen, als würde eine E-Mail an viele weitere Mitglieder des Netzwerkes verschickt werden. Thessas Fehler war, ihre Einladung nicht nur an die Freunde zu verschicken, die sie wirklich einladen wollte.

Wer Nachrichten in sozialen Netzwerken erhalten soll, kann man genau einstellen. Alternativ lassen sich Gruppen anlegen, die nur den Personen, für die die Nachricht bestimmt ist, zugänglich sind. Vorsicht ist beim Lesen von Posts geboten:

- Fremde haben nicht immer gute Absichten, sie geben sich manchmal auch für andere aus.
- Der Zugang von Freunden kann gehackt worden sein (→ 8.2).

Etikette im Internet

Unter Etikette versteht man gute Umgangsformen, bei der digitalen Kommunikation wird dafür das Wort Netiquette verwendet. Leider glauben manche Nutzer in der Anonymität des Internets selbst einfachste Regeln des Anstandes nicht mehr einhalten zu müssen. Weil man den anderen nicht sieht oder hört, kann aber auch gut Gemeintes falsch verstanden werden. Daher sollte man immer

- respektvoll, höflich, freundlich, ehrlich und hilfsbereit bleiben.
- Kritik ausschließlich konstruktiv und nie beleidigend formulieren.
- die Regeln des jeweiligen Kommunikationsmediums beachten.
- gesetzliche Regelungen einhalten.

In vielen Gruppen liest ein so genannter Moderator mit, der Teilnehmer bei Nichtbeachtung der Regeln aus der Gruppe entfernen kann.

Cybermobbing

Üble Nachrede, Beleidigung, Verleumdung (§185-187 StGB)
Verletzung des persönlichen Lebensbereichs (§201 StGB)

Cybermobbing ist das absichtliche Beleidigen, Bedrohen, Bloßstellen oder Belästigen anderer in der digitalen Kommunikation über einen längeren Zeitraum. Das Internet vergisst nichts, daher bleiben Diffamierungen immer nachlesbar.

Ist man selbst von Cybermobbing betroffen, so sollte man folgendes unternehmen:

- Mobbingangriffe sollten unbedingt dokumentiert werden (→ 8.1, Aufgabe 5). Sie sind nie nur ein „Witz", sondern oft strafbar.
- Möglichst schnell sollten Eltern, Lehrer oder die Polizei informiert werden.
- Die Mobber sollten beim Netzwerkbetreiber gemeldet und auf die „Ignorieren"-Liste gesetzt werden. So erreichen ihre Nachrichten die Opfer nicht mehr.

Merke

Bei digitaler Kommunikation sollte man einige Verhaltensregeln beachten:

1. In der digitalen Kommunikation ist es schwer zu überprüfen, wer der Kommunikationspartner ist – hier muss man Vorsicht walten lassen.
2. Das Internet vergisst nichts! Bei allen Informationen, die man verbreitet, ist es wichtig zu beachten, dass diese keiner Person schaden dürfen!
   Gib so viel Daten von dir wie nötig und so wenig wie möglich preis.
3. Beleidigungen, Drohungen, Verleumdungen und Anfeindungen fallen unter **Cybermobbing** und sind häufig strafbar. Auch wenn man anonym bleiben kann, muss der Umgangston im Internet stets freundlich und höflich sein.

Aufgaben

1 Cheyennes Hund Waldi ist entlaufen und sie möchte auch im sozialen Netzwerk, das sie nutzt, diese Suchanzeige nach ihm veröffentlichen.

Dackel entlaufen!

Unser kleiner brauner Dackel Waldi ist aus der immer offen stehenden Terrassentür unseres Hauses, **Gartenstraße 1, 0815 Musterdorf, entlaufen**

Falls ihr ihn seht, schreibt mir bitte!

a) Begründe, was sie vor der Veröffentlichung unbedingt ändern muss.
b) Entwirf, z. B. mit einem Textverarbeitungsprogramm, eine gut gestaltete Suchanzeige für Waldi oder dein Haustier.
c) Wäge ab, welchem Personenkreis du diese Anzeige alles schicken möchtest.

2 Die meisten Kommunikationsplattformen im Internet haben eine Möglichkeit, unangemessene Beiträge, Fotos und Videos zu melden.

a) Informiert euch über diese Funktion auf verschiedenen Plattformen. Stellt die Kriterien, nach denen man Beiträge melden kann, zusammen.
b) Stellt euch eure Ergebnisse aus Aufgabe a) in der Klasse vor.
c) Bei Plattformen, die keine Möglichkeit bieten, Beiträge zu melden, kann man sich an den Betreiber der Plattform wenden. Dies geschieht meist über deren Support oder eine Kontaktadresse. Formuliere eine Anfrage an eine Plattform deiner Wahl, in der du ein Foto von dir entfernen lassen willst.

3 Tim R., ein 20-jähriger Student aus Holland, nahm sich 2012 das Leben, nachdem er jahrelang im Internet beschimpft und verunglimpft wurde. So wurde er in Nachrichten als „Loser" oder „Homo" bezeichnet.
Beschreibe, was du für einen Freund tun könntest, dem Ähnliches passiert.

4 Marco hat sich mit seiner besten Freundin Chenoa zerstritten. Nun möchte er mit ihr die Vorfälle nochmal besprechen, kann sie aber nicht persönlich treffen.

a) Bewerte die digitalen Kommunikationsmedien, die du kennst, nach der Möglichkeit, diese Aussprache darin zu tätigen. Für welches Medium sollte Marco sich entscheiden? Begründe.
b) Nenne Gründe, warum gerade bei der Verwendung digitaler Medien die Gefahr für Marco groß ist, Chenoa zu verletzen.

8.5 Persönlichkeitsrechte

Ein Gruppenfoto beim Schüleraustausch, ein Selfie am Sportplatz, ein Bild der besten Freundin, wie sie gerade eine Pizza isst, mit genauer Angabe, wo und wann das Bild gemacht wurde: Es gibt viele Situationen, in welchen man Fotos macht oder über die man schreibt und die man ins Internet stellt. Doch was darf man?

- Besprecht zuerst verschiedene Situationen.
- Überlegt euch dann die jeweiligen Risiken.

Mein Bild gehört mir – oder?

Macht Dominik bei einem Klassenausflug ein Foto, so hat er zunächst das Recht an diesem Bild und darf es veröffentlichen. Anders sieht es aus, wenn darauf Mitschüler zu erkennen sind und diese das Hauptmotiv darstellen. Dann muss er deren **Recht am eigenen Bild** beachten.

KUG
Kunsturhebergesetz

§ 22 KUG
Bildnisse dürfen nur mit Einwilligung des Abgebildeten verbreitet oder öffentlich zur Schau gestellt werden. […]

Eine Person hat immer dann ein Recht am eigenen Bild, wenn sie darauf erkannt werden kann. Daher können die abgebildeten Personen auch die Veröffentlichung von Zeichnungen, Karikaturen, Fotomontagen, sogar des Bildes eines Doppelgängers verbieten lassen. Das gilt auch, wenn nur bestimmte Merkmale (wie z. B. eine charakteristische Narbe) zu erkennen sind.

Dominik darf somit das Bild nur dann verbreiten und veröffentlichen (dazu zählt z. B. auch das Verschicken innerhalb einer Gruppe eines sozialen Netzwerkes!), wenn er die Einwilligung des Abgebildeten dazu hat. Bei Minderjährigen benötigt er eventuell auch die Einwilligung der Eltern.

Es entscheiden alleine die Eltern.	Je nach Entwicklung und der erreichten Einsichtsfähigkeit des Minderjährigen entscheiden die Eltern alleine oder mit ihm gemeinsam.	Der Abgebildete entscheidet selbst.
0 – 7 Jahre	8 – 17 Jahre	ab 18 Jahre

Erlaubnis nötig:

Obwohl Jugendlichen meist ab dem vollendeten 14. Lebensjahr zugestanden wird darüber selbst zu bestimmen, entscheidet das nicht jedes Gericht so. Daher empfiehlt es sich bei Minderjährigen immer, auch die Einwilligung der Eltern, am besten schriftlich, einzuholen.

Diese Regelungen gelten auch für Fotos von einem selbst („Selfie")!

keine Erlaubnis nötig:

Ausnahmen

Es gibt Ausnahmen, bei denen man ohne die Einwilligung der abgebildeten Person das Bild veröffentlichen darf. Zum Beispiel, wenn die Person …

- „Beiwerk" ist (z. B. ein klein abgebildeter Schüler vor einem Schulhaus).
- Teil einer größeren Gruppe ist (z. B. viele Schüler auf dem Schulhof).
- eine Person der Zeitgeschichte ist (z. B. berühmte Politiker oder Sportler).

Zu den Ausnahmen zählen auch Bilder, die einen künstlerischen Wert besitzen.

Da die Beurteilung, ob auf einen konkreten Fall eine Ausnahme zutrifft oder nicht, schwierig ist und sich auch Gerichte hier nicht immer einig sind, sollte sicherheitshalber stets die Einwilligung der abgebildeten Personen vorliegen.

Personenbezogene Daten

Verbreitet Miroslav in einem sozialen Netzwerk, dass Dominik Eva ins Kino eingeladen hat, er ihre Namen nennt, vielleicht sogar Fotos davon ins Internet stellt, so ist dies den beiden vielleicht nicht recht. Sie können nie wissen, wer alles darauf Zugriff hat. Art. 1 der Datenschutzgrundverordnung (DSGVO) regelt, was unter **personenbezogenen Daten** zu verstehen ist und daher nicht veröffentlicht werden darf. Das sind z. B.: Name und Adresse (auch E-Mail- und Internetadresse), Fotos, Titel, Geschlecht, Größe, Haarfarbe. Zu personenbezogenen Daten fallen auch Angaben, aus denen indirekt auf die Person geschlossen werden kann, wie Telefonnummer, Personalausweisnummer usw.

Art. 1 DSGVO:
Gegenstand und Ziele:
(1) Diese Verordnung enthält Vorschriften zum Schutz natürlicher Personen bei der Verarbeitung personenbezogener Daten und zum freien Verkehr solcher Daten.
(2) Diese Verordnung schützt die Grundrechte und Grundfreiheiten natürlicher Personen und insbesondere deren Recht auf Schutz personenbezogener Daten.

Datenschutz

Die DSGVO regelt, wie Firmen und öffentliche Einrichtungen mit personenbezogenen Daten umgehen dürfen. Nach Art. 6 muss die Person, deren Daten verarbeitet werden, der Verarbeitung zugestimmt haben. Nach dem Prinzip der Datenminimierung dürfen Firmen (öffentliche Einrichtungen) nur die personenbezogenen Daten speichern, die für ihre Arbeit nötig sind (→ 8.4).
Jede Person hat nach Art. 17 das „Recht auf Vergessenwerden“: Sie darf verlangen, dass ihre gespeicherten Daten unverzüglich gelöscht werden, wenn diese nicht mehr nötig sind oder sie ihre Einwilligung zur Verarbeitung widerruft.

Merke

In Deutschland regelt u. a. die Datenschutzgrundverordnung (DSGVO) und das Kunsturhebergesetz (KUG) den Umgang mit **personenbezogenen Daten**. Hierunter fallen zum Beispiel das Geburtsdatum oder die Adresse einer Person, die man nicht einfach ohne Einwilligung veröffentlichen und speichern darf.
Eigene Aufnahmen darf man beliebig veröffentlichen. Sind jedoch Personen erkennbar, so ist deren **Recht am eigenen Bild** zu beachten. Dann benötigt man, abgesehen von Ausnahmen, deren Einwilligung! Bei noch nicht volljährigen Personen müssen oft auch die Eltern zustimmen. Das gilt auch für Bilder von einem selbst!

Aufgaben

1 Erstelle für deine Mitschüler eine kurze Präsentation mit
- Beispielen für Bilder, die ohne Einwilligung veröffentlicht werden dürften,
- Beispielen für Bilder, die nicht veröffentlicht werden dürften.

Begründe für jedes Beispiel kurz schriftlich, warum eine Veröffentlichung erlaubt (nicht erlaubt) ist.

2 a) Erstelle eine Liste von Gründen, warum personenbezogene Daten nicht ohne Einwilligung veröffentlicht werden dürfen.

b) Diskutiert in Gruppen Vor- und Nachteile davon, dass der Gesetzgeber die Persönlichkeitsrechte schützt. Führt dann ein Streitgespräch in der ganzen Klasse, bei welchem ihr auf diese Vor- und Nachteile eingeht und sie dabei auch bewertet.

c) Informiere dich, was man unter sensiblen Daten versteht. Ermittle einige personenbezogene Daten, die nicht zu den sensiblen Daten gezählt werden.

8.6 Kommunikationsmedien bewerten und richtig einsetzen

Michaela und Lukas spielen bei einem kleinen Verein zusammen Fußball. Zum 25-jährigen Vereinsjubiläum wollen sie einen Spieler aus der bayerischen Regionalliga einladen, der beim Jubiläumsspiel mitspielen soll. Da sie unterschiedliche Clubs in der Liga unterstützen und außerdem den jeweils anderen Verein nicht ausstehen können, wird es schwierig, eine Einigung zu finden.

Schritt 1

Wäge ab, welches Medium geeignet ist, um persönliche Differenzen zu diskutieren.

Es gibt oft mehr als eine richtige Antwort.
Können sich beide treffen, ist ein persönliches Gespräch am sinnvollsten.
Möglicherweise ist aber einer gerade im Urlaub, dann müssen sie überlegen, ob sie beide zu einem bestimmten Zeitpunkt gleichzeitig Gelegenheit für eine Aussprache haben. Das geht dann mithilfe des Telefons oder sie verwenden einen Instant Messenger.
Bei einem Instant Messenger können (wenn gewünscht) weitere Vereinsmitglieder mitdiskutieren.
Finden sie keinen gemeinsamen Zeitpunkt, so wäre ein Informationsaustausch per SMS oder E-Mail möglich. Dafür müssen sie mehr Zeit einplanen, da jeder warten muss, bis der andere die Nachrichten gelesen und beantwortet hat.

Schritt 2

Was muss beachtet werden, wenn eine möglicherweise hitzige Diskussion mithilfe digitaler Medien ausgetragen wird?

Bei der persönlichen Kommunikation spielt die Mimik eine große Rolle. Michael und Lukas können in diesem Fall leicht erkennen, ob der andere etwas ernst meint oder ironisch. Bei einem Telefonat ist das oft noch anhand des Tonfalls möglich.
Bei der Verwendung eines digitalen Kommunikationsmediums ist das anders, daher sollten hier beide mit Ironie sehr vorsichtig sein.
Grundsätzlich müssen sie auch dann, wenn die Diskussion hitziger werden sollte, die Netiquette beachten und immer respektvoll und höflich bleiben. Beleidigungen sind komplett tabu.

Schritt 3

Zu solchen Ereignissen erhofft man sich auch Besucher, die keine Vereinsmitglieder sind. Wie können nicht nur Vereinsmitglieder, sondern auch möglichst viele Fußballinteressierte davon erfahren und zu einem Besuch animiert werden?

Sicher existiert im Verein eine Liste aller Mitglieder; vermutlich mit E-Mail-Adresse. Per E-Mail ist es schnell und kostengünstig möglich, die Einladungen entweder direkt im Text oder als Anhang zu verschicken. Die Einladung kann mit der Bitte um Rückmeldung, wer kommt, verbunden werden, um schneller eine Übersicht zu erhalten.
Für Vereinsmitglieder ohne E-Mail-Adresse muss die Einladung per Brief verschickt werden.
Zur Information Außenstehender bietet sich eine Anzeige in den örtlichen Tageszeitungen an. Eine allgemeine Einladung an alle Nutzer eines sozialen Netzwerks ist ungeeignet, da die meisten eine zu lange Anreise haben und sich für einen kleinen Verein nicht interessieren.

Schritt 4

In der lokalen Tageszeitung soll nach dem Jubiläum ein Bericht mit einigen Fotos erscheinen. Was muss bei der Auswahl der Fotos beachtet werden?

Zunächst muss der Fotograf einer Veröffentlichung zustimmen.
Der eingeladene Spieler gilt als Person der Zeitgeschichte, er darf also ohne Rücksprache mit ihm bei der Ausübung seiner Tätigkeit (in diesem Fall: Fußballspielen) fotografiert werden. Diese Bilder dürfen auch veröffentlich werden. Das gilt jedoch nicht für Bilder, die z.B. in seinem Hotelzimmer aufgenommen wurden. In diesem Fall muss er zustimmen.
Zuschauer und Spieler sind Teil einer größeren Gruppe und haben sich bewusst in die Öffentlichkeit begeben. Auch hier dürfen die Bilder veröffentlicht werden, solange sie niemanden beleidigend darstellen.
Sollen Bilder mit einzelnen Zuschauern veröffentlicht werden, so sollte eine Genehmigung eingeholt werden. Dies gilt insbesondere, wenn Kinder und Jugendliche fotografiert wurden. Dann muss auch eine Erlaubnis der Eltern vorliegen.

Jetzt bist du dran.

1 Elsa hat bald Geburtstag und überlegt sich, wie sie ihre Freunde einladen kann.

a) Entwirf eine Geburtstagseinladung zum Ausdrucken. Überlege dir zunächst, welche Art von Dokumenten geeignet sind und welche Informationen die Einladung enthalten muss.

b) Elsa überlegt sich, ob sie die Einladung persönlich überbringen, per Post oder per E-Mail schicken oder über ein soziales Netzwerk verteilen soll. Beurteile die verschiedenen Möglichkeiten.

c) Auf der Einladung hat Elsa auch Bilder von der Party im letzten Jahr eingefügt. Begründe, unter welchen Umständen sie diese Bilder verwenden darf.

d) Jo, der ein begabter Zeichner ist, fertigt auf der Party Comics von den Gästen an. Begründe, ob und unter welchen Umständen er diese Zeichnungen auf seiner Seite in einem sozialen Netzwerk veröffentlichen darf.

2 Jane hat ihre Geburtstagsparty in einem sozialen Netzwerk aus Versehen als öffentliche Veranstaltung gekennzeichnet. Daraufhin sagten ihre Eltern die Feier ab.

a) Erboste „Gäste" haben daraufhin Bilder von ihr, die sie im sozialen Netzwerk veröffentlicht hatte, so verändert, dass sie darauf verunglimpft dargestellt wird und auf eine Bilderplattform hochgeladen. Stelle einige Möglichkeiten vor, wie Jane und ihre Eltern dagegen vorgehen können.

b) Bei manchen dieser Fotos ist sich Jane sicher, dass sie nur auf ihrem Computer zu finden waren – sie hat sie nie ins Internet gestellt. Überlege dir einige Möglichkeiten, wie diese Fotos entwendet werden konnten. Schlage für jede Möglichkeit Maßnahmen vor, wie Jane dies in Zukunft verhindern kann.

c) Unter den Bildern sind auch Motive von anderen Feiern, aus dem Urlaub und welche, auf denen die Wohnungseinrichtung gut zu erkennen ist. Beschreibe, wie die unerlaubte Veröffentlichung solcher Bilder Jane und deren Eltern schaden könnte.

d) Nach kurzer Zeit erscheinen solche Bilder sogar auf ihrer Seite im sozialen Netzwerk, zusätzlich mit beleidigenden Äußerungen über ihre Eltern, die sie nie gemacht hat. Sie kann diese aber auch nicht löschen, da sie keinen Zugriff mehr auf ihre Seiten hat. Beschreibe, wie das möglich sein kann.

8.7 Üben und Vertiefen

1 Wäge bei den vorgeschlagenen Kommunikationsmedien Vor- und Nachteile ab. Gib auch einschränkende Bedingungen an, z.B. Vorliegen einer Erlaubnis. Begründe gegebenenfalls, ob die Wahl eines anderen Kommunikationsmittels besser geeignet wäre.

a) Efraims Handballverein möchte, dass zu dessen Faschingsparty möglichst viele Gäste aus der Umgebung kommen, und veröffentlicht eine Einladung in einem sozialen Netzwerk, sodass diese für alle Mitglieder sichtbar ist.
b) Nach der Party werden ein Bericht und einige Bilder auf der Homepage des Vereins veröffentlicht. Darauf ist auch der Bürgermeister zu sehen.
c) Auf einer Videoplattform lädt Efraim ein Video von einer Faschingsparty von vor 10 Jahren hoch. Dort sind ausschließlich maskierte Personen zu sehen.
d) Um sich bei den Helfern zu bedanken, veröffentlicht Efraim nach der Party ein Bild, auf dem alle zu sehen sind. Unter dem Bild stehen ihre Namen und Adressen.

2 Beantworte folgende Fragen und begründe deine Antworten. Überlege dir jeweils geeignete Beispiele und unterscheide verschiedene Fälle.

a) Was muss man bei selbst aufgenommenen Bildern von anderen Personen beachten, wenn man sie ins Internet stellt?
b) Louis hat ein Comicbild seines Lieblingssuperheldens gefunden und möchte dieses als Profilbild für sein soziales Netzwerk nutzen. Was muss er beachten?
c) Xenia hat auf dem Oktoberfest fotografiert. Erarbeite einen Kriterienkatalog, nach dem sie entscheiden kann, welche Fotos sie ins Internet stellen darf.
d) Nina zeichnet gerne ihre Mitschüler und möchte diese Zeichnungen ins Internet stellen. Was muss sie beachten, damit sie die Persönlichkeitsrechte der Gezeichneten wahrt?

3 Beschreibe, wie man in den folgenden Situationen handeln sollte und welche Probleme sich aus den Situationen ergeben könnten.

a) Milena hat eine E-Mail mit einer Rechnung bekommen, obwohl sie von dem Versand nie etwas bestellt hat.
b) Anne erhält eine Nachricht von jemandem, den sie nicht kennt. In dieser Nachricht befindet sich ein Link auf ein angeblich lustiges Video.
c) Eine Mitschülerin fragt Chiara nach ihrem Passwort für ihr Smartphone, um damit spielen zu können.
d) Erkim hat für die meisten seiner Zugänge zu den digitalen Medien dasselbe Passwort „!1234abc".
e) Jason hat aus Versehen einen Anhang einer E-Mail geöffnet, die einen Virus enthalten hat.
f) Niclas' PC verhält sich seltsam: Seit kurzer Zeit dauert es sehr lange, bis sich Webseiten laden. Sein Vater meinte, die Internetverbindung würde dauernd genutzt.
g) Peter hat in einer Chatgruppe der Klasse mitbekommen, wie sein Klassenkamerad Efe wüst beleidigt wird.
h) Sonya soll für die Schulhomepage Fotos des Sommerfests machen.

4 Es gibt verschiedene Vorgehensweisen, wie ein Virenscanner schädliche Programme finden kann. Das macht man sich am besten mit einem Beispiel klar:

Art	Früher auf der Burg	Virenscanner
muster-basiert, auf Anfrage	Die Wachen erhalten eine genaue Beschreibung des Bösewichts und vergleichen dies mit jedem Bürger in ihrer Stadt, wenn ihnen dies befohlen wurde.	Der Virenscanner hat Beispiele von Schadprogrammen, sogenannte Muster, und durchsucht alle Dateien auf der Festplatte nach diesem Muster, wenn man den Virenscanner startet.
muster-basiert, beim Ausführen	Ähnlich wie zuvor erhält die Wache eine genaue Beschreibung. Sie vergleicht dies aber nur mit den Leuten, die gerade in der Burg etwas machen wollen.	…
verhaltens-basiert	Die Wache weiß nicht, wie der Bösewicht aussieht. Sie weiß aber, dass …	Der Virenscanner läuft im Hintergrund und achtet permanent auf verdächtiges Verhalten der Programme. Schickt es ungefragt Daten ins Internet? Liest es Tastatureingaben mit?

a) Übertrage die Tabelle in dein Heft und vervollständige sie.

b) Begründe, warum musterbasierte Scanner immer aktuell gehalten werden müssen.

c) Spielt in eurer Klasse die beschriebenen Szenarien nach: Ein Bereich des Klassenzimmers ist die Burg. Am Eingang stehen Wachen mit verschiedenartigen Beschreibungen nicht erwünschter Personen oder sie patrouillieren in der Burg. Denkt euch auch unterschiedliche Täuschungsmanöver aus.

d) Lehrer Justus hat seine Klasse dabei gefilmt. Das Video möchte er gleich auf die Internetseite der Schule stellen. Was meinst du dazu?

5 Entscheide, ob folgende Bilder unter das Recht am eigenen Bild fallen. Begründe.

a) 

b) 

c) 

d) 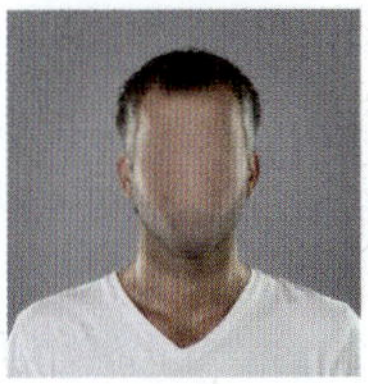

6 Beurteile und begründe, ob folgendes erlaubt ist:

a) Auf dem Schulfest werden Bilder von Schülern an ihren Ständen gemacht. Der zweite Schulleiter möchte die Bilder auf der Homepage der Schule veröffentlichen.

b) Vom Dach der Schule aus wird ein Foto des gesamten Sommerfestes aufgenommen. Dieses soll in der Zeitung veröffentlicht werden.

c) Die Schüler Simon aus der Q12 und Thomas aus der 6b werden fotografiert und sollen auf der Homepage der Schule abgebildet werden. Entsprechende Einverständniserklärungen der Schüler liegen der Schulleitung vor.

d) Für einen Artikel für die Schülerzeitung sucht Bernd ein Bild im Internet. Er findet eine Aufnahme der Schule und verwendet dieses Bild.

e) Lehrer Unklug will sich im Internet präsentieren und veröffentlicht sein Passfoto, das er von einem professionellen Fotografen für seinen Personalausweis erstellen ließ.

7 Es kommt immer wieder vor, dass Datendiebe Tausende oder gar Millionen Passwörter von Benutzerkonten erbeuten. Beurteile die folgenden Aussagen im Hinblick auf mögliche negative Folgen. Begründe, warum das so ist.

8 Claudia ist mit ihren Eltern in den Urlaub gefahren. Schon am nächsten Tag erfahren sie, dass in ihre Wohnung eingebrochen wurde. Nenne Möglichkeiten, woher die Täter die nötigen Informationen haben könnten, wenn die Eltern von der Polizei folgendes erfahren:

a) *„Die Täter wussten, dass niemand daheim ist."*

b) *„Der Einbruch dauerte nur wenige Minuten, denn die Täter wussten genau, wo wertvolle Gegenstände sind."*

c) Zu Claudias Entsetzen stellt sich heraus, dass sogar ein noch ungeöffnetes Paket mit einer wertvollen Uhr gestohlen wurde, die sie von ihrer Patin geschenkt bekommen hatte. Es kam, als sie gerade losfahren wollten, und sie hat es nur schnell in ihr Zimmer gelegt. Wie konnten die Täter das wissen?

9 Instant Messenger gibt es sowohl für Smartphones als auch für den Computer.

a) Sucht z.B. in einem Online-Lexikon nach je zwei Instant-Messenger-Programmen für den Computer und das Smartphone. Beurteilt ihre jeweiligen Vor- und Nachteile und stellt eure Ergebnisse in der Klasse kurz vor.

b) In den Nutzungsbedingungen des Instant Messengers „Piepquick" steht: *„Du stellst uns die Telefonnummern und die weiteren Kontaktdaten aus dem Adressbuch deines Mobiltelefons zur Verfügung."*
- Beschreibe, wozu Piepquick diese Daten nutzen könnte.
- Erläutere, welche Probleme dies für deine Freunde haben kann, die Piepquick nicht nutzen.

c) In einem weiteren Abschnitt heißt es: *„Du akzeptierst, dass wir die Daten sammeln und in andere Länder weltweit übertragen und dort verarbeiten. Dort können andere Gesetze des Datenschutzes für die Speicherung und Verarbeitung deiner Daten gelten als in deinem Land."*
- Begründe, warum Piepquick deine Daten sammeln und weiterleiten können muss.
- Erörtere, welche Probleme sich ergeben, wenn deine Daten im Ausland gespeichert werden.

d) Ein etwas älterer Instant Messenger hatte folgendes in seinen AGBs stehen: *„Du stimmst ein, dass das Urheberrecht aller auf unserem Messenger gesendeten Daten auf uns übertragen wird."* Nimm Stellung zu dieser Klausel und begründe, warum sie nicht auf neuere Messenger übertragen wurde.

8.8 Am Ziel

DAS GROSSE INFO-QUIZ!

Hier sprechen Begriffe, die du in diesem Kapitel gelernt hast, über sich selbst. Die Zahlen in Klammern geben den Buchstaben im erratenen Begriff an, den du für das Lösungswort brauchst.

A. „Ich regle, wer welche Informationen von Personen bekommen darf." .... (12)
B. „Ich lege fest, wie Menschen im Internet miteinander sprechen sollten." .... (4)
C. „Ich bin das Gerät, das die meiste digitale Kommunikation erst ermöglicht." .... (6)
D. „Ich werde benötigt, damit nicht jeder an die Daten meines Erfinders kommt." .... (2)
E. „Ich passe auf, dass kein Programm dem Computer schadet." .... (3)
F „Nutzen Menschen mich zur Kommunikation, so müssen sie zeitgleich am Computer sein." .... (6)
G. „Ich vergesse in der Regel nichts, was man mir einmal beigebracht hat." .... (4)
H. „Bei mir redet nur einer und alle anderen hören zu." .... (2)

1 *„Fotos und Bilder darf man nie ohne weiteres weitergeben."* Stimmt das?

2 Bei einigen Kommunikationsarten müssen Sender und Empfänger zeitgleich aktiv sein. Nenne ein Beispiel und erörtere Vor- und Nachteile einer solchen Kommunikation.

3 Vergleiche und bewerte die folgenden Passwörter: „abc", „Hans13579", „HänschenKleinGingAllein"

4 Darius hat auf einer Klassenfahrt Fotos am Baggersee gemacht und möchte diese nun ins Internet stellen. Vor allem das tolle Bild von Tanja, seiner Mitschülerin, will er allen zeigen. Was muss er beachten?

5 Emre wird von Mitschülern im Internet aufgezogen, weil er beim letzten Fußballspiel den entscheidenden Elfmeter verschossen hat. Beschreibe eine Strategie, wie er darauf reagieren sollte!

6 Neles Vater ist stolz auf sein selbstentworfenes Design für seine Kreditkarte und möchte es seinen Freunden in einem sozialen Netzwerk zeigen. Vor dem Veröffentlichen stoppt ihn Nele. Erörtere, was Neles Vater beachten muss!

Ich kann ...	in Aufgabe	Hilfe
bewerten, welche digitalen Kommunikationsmittel man für welche Aufgabe am besten einsetzt.	2	8.1
erklären, wie ich meinen Computer und andere Endgeräte schützen kann.	3; 4	8.2; 8.3
einschätzen, welche Daten ich weitergeben darf und welche nicht.	1	8.5
mich bei Angriffen in sozialen Netzwerken schützen.	5; 6	8.4
mich bei digitaler Kommunikation passend verhalten.	6	8.4

8.9 Alles im Blick

Digitale Kommunikation ➥ 8.1

Digitale Kommunikation ist jede Form des Sendens und Empfangens von Nachrichten zwischen Menschen mithilfe von Maschinen oder zwischen Maschinen.
Dazu nötige Programme heißen Messenger. Bei Instant Messengern erfolgt die Übertragung fast in Echtzeit.
In sozialen Netzwerken finden sich Gruppen mit gemeinsamen Interessen zum Austausch von Informationen.

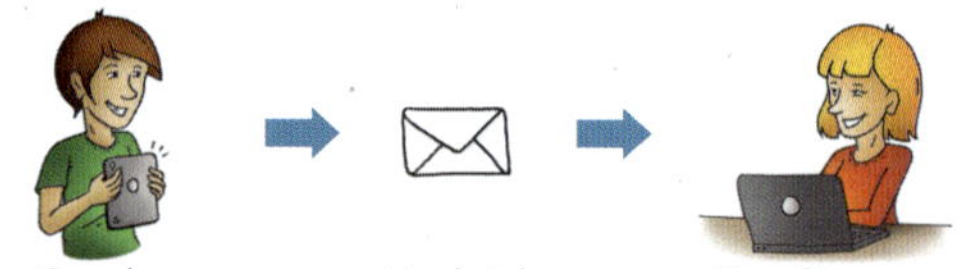

Kommunikationsarten:

	unidirektional	bidirektional
synchron	Radio Fernsehen	Telefon Videokonferenz Chat
asynchron	Zeitung	E-Mail SMS

Gefahren digitaler Kommunikation ➥ 8.2

Nicht alle Kommunikationsteilnehmer haben ehrliche Absichten. Mögliche Gefahren:

- Viren, Trojaner: Schadprogramme und solche, die vorgeben, nützlich zu sein
- Gefälschte virtuelle Identitäten: Kriminelle handeln im Namen anderer
- Abofallen: Nutzer soll für ein Abonnement zahlen, dass er nicht abgeschlossen hat

Schutzmaßnahmen ➥ 8.3

Zum Schutz eigener Endgeräte sollten Nutzer

- sich verantwortungsbewusst verhalten.
- Firewall und Virenscanner installieren, um Zugriffe von außen zu unterbinden und schädliche Programme löschen zu lassen.
- Geräte und Webzugänge durch sichere Passwörter schützen.

Passwörter:

H&S%a08/J\18 ✓

12345 ✗

Verhalten im Netz ➥ 8.4

Gerade in der digitalen Kommunikation muss man einen respektvollen Umgang miteinander pflegen. Cybermobbing ist das Beleidigen und Bloßstellen anderer im Internet.

✗

✓

Persönlichkeitsrechte ➥ 8.5

Eigene Bilder darf man beliebig veröffentlichen. Eventuell erkennbar abgebildete Personen müssen (abgesehen von Ausnahmen) der Veröffentlichung zustimmen.
Fremde Bilder dürfen nur mit Erlaubnis veröffentlicht werden.
Personenbezogene Daten dürfen ohne Erlaubnis nicht veröffentlicht werden.

Erlaubnis nötig

keine Erlaubnis nötig

Beschreibung von Abläufen durch Algorithmen

9

Einstieg

1. Beschreibe die Aufgaben, die die Personen auf den Bildern zu lösen haben.
2. Formuliere einige Anweisungen, die ihnen dabei helfen.
3. Untersuche, ob deine Anweisungen so genau sind, dass sie auch ein Computer ausführen könnte.

Bild 1

Bild 2

Bild 3

Bild 4

Am Ende dieses Kapitels hast du gelernt, ...

- Problemstellungen aus der Alltagswelt zu analysieren und zu strukturieren.
- Problemstellungen durch Algorithmen unter Verwendung der Kontrollstrukturen zu beschreiben.
- die Algorithmen mithilfe geeigneter Programmierwerkzeuge in Programme umzusetzen.

9.1 Beschreibung von Abläufen

Zu Weihnachten hat Konstantin einen Bausatz für einen Quadrokopter geschenkt bekommen. Von den meisten Einzelteilen weiß er weder, wozu sie gut sind, noch, wie alle diese Teile zusammengebaut werden müssen.

- Mache Vorschläge, wie man eine Anleitung zum Zusammenbau gestalten könnte.
- Stelle Anforderungen auf, die eine Anleitung allgemein erfüllen muss.

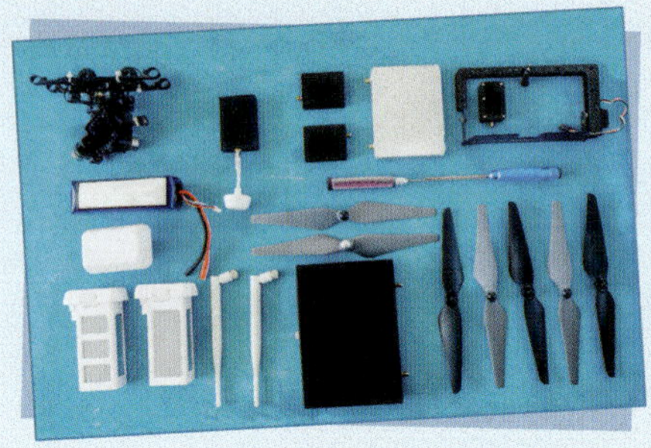

Abläufe

Konstantin hat noch nie einen Quadrokopter zusammengebaut. Damit er danach trotzdem funktioniert, benötigt Konstantin eine genaue Beschreibung jedes Arbeitsschrittes. Einen einzelnen Arbeitsschritt nennt man auch **Anweisung**. Die vorgegebene Abfolge der Anweisungen, die Konstantin der Reihe nach durchführen muss, bis der Quadrokopter funktionsfähig zusammengebaut ist, bezeichnet man als **Ablauf**.

Die Beschreibung von Abläufen

Ob es um die Aufbauanleitung für ein Spielhaus geht, um eine Installationsanleitung für das neueste Computerspiel, eine Bedienungsanleitung für ein technisches Gerät, einen Spielzug beim Fußball oder ein Rezept für Pfannkuchen – Abläufe müssen oft beschrieben werden.

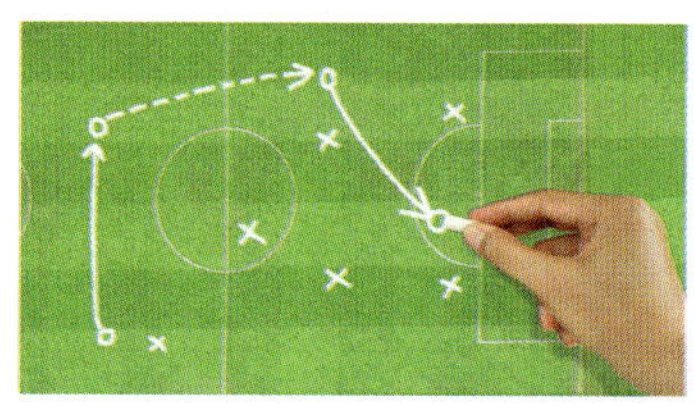

Pfannkuchen:
4 Eier, 400 g Mehl, 100 ml spritziges Mineralwasser, 400 ml Milch, 1 Pck. Vanillezucker, 200 g Zucker, 1 Prise Salz
Die Eier trennen und schaumig schlagen. Alle weiteren Zutaten in eine Schüssel geben und mit einem Mixer mischen, anschließend den Eischnee unterheben. Nun etwas Öl in einer Pfanne erhitzen und den Teig beidseitig ausbacken, bis der Pfannkuchen goldbraun ist.

Die Beschreibung muss folgende Kriterien erfüllen:

- **Richtigkeit**, d. h. die Anweisungen selbst müssen richtig und in der richtigen Reihenfolge beschrieben werden.

  Nicht die Eier müssen schaumig geschlagen werden, sondern nur das Eigelb.
- **Vollständigkeit**, d. h. es dürfen keine Schritte fehlen und jeder mögliche Fall muss berücksichtigt sein.

  Was ist zu tun, wenn die Pfannkuchen nicht goldbraun werden?
- **Ausführbarkeit**, d. h. jeder Schritt muss auch ausgeführt werden können.

  Wie trennt man Eier?

Abläufe können auf verschiedene Arten beschrieben werden, z. B.:

Text	Befehlsfolge	Bild oder Bilderfolge
Stecke die Wäsche in die Trommel. Gib das Waschmittel in das dafür vorgesehene Fach. Stelle dann die Temperatur ein und drücke den Startknopf.	wiederhole 4 Mal: • gehe 6 Schritte vorwärts • drehe dich um 90° nach rechts	

Merke

Als **Ablauf** bezeichnet man eine feste Abfolge von Arbeitsschritten, die nacheinander in exakt der vorgegebenen Reihenfolge auszuführen sind. Die einzelnen Arbeitsschritte nennt man **Anweisungen**.
Die Beschreibung eines Ablaufs muss so genau sein, dass jeder das richtige Ergebnis erhält. Jede Anweisung muss von der betreffenden Person (oder der Maschine) durchführbar sein.

Aufgaben

1 In den Ablaufbeschreibungen zum Wäschewaschen (s. linke Seite unten) und Pfannkuchenbacken (s. linke Seite Randspalte) gibt es noch weitere Ungenauigkeiten.

a) Gib an, an welchen Stellen das Rezept ungenau ist oder von einem im Kochen Unerfahrenen eventuell nicht verstanden wird.
b) Schreibe das verbesserte und ergänzte Rezept mit einem Textverarbeitungsprogramm neu. Gib die Zutatenliste als Aufzählung an. Nummeriere die Anweisungen durch und formuliere sie möglichst kurz.
c) Gib für die Ablaufbeschreibung des Wäschewaschens an, was jemandem Probleme bereiten kann, der noch nie eine Waschmaschine bedient hat.
d) Verfasse für die Bedienung einer Waschmaschine eine genauere Anleitung.

2 Verfasse jeweils eine möglichst übersichtliche Beschreibung.

a) Neuen Schülern an eurer Schule soll vermittelt werden, wie sie die Computer im Computerraum einschalten und sich am Schulnetz anmelden können.
b) Beschreibe, wie man ein Telefongespräch führt. Beachte dabei, dass Folgendes passieren kann: der Anschluss ist belegt; es meldet sich niemand; es schaltet sich der Anrufbeantworter ein.

3 Im Rahmen eines Schüleraustauschs besucht eine irische Klasse eure Schule. Damit alle Gastschüler sich im Zweifelsfalle auch allein zurechtfinden, schreibt jeder für seinen Gast eine Wegbeschreibung von Zuhause zur Schule.

a) Erstelle eine Beschreibung von deiner Wohnung aus, möglichst auf Englisch.
b) Tausche die Wegbeschreibung mit einem Mitschüler aus und gehe den Weg in einer Karte, einem Stadtplan oder einer Satellitenaufnahme nach. Korrigiere eventuelle Ungenauigkeiten.

1. Out of the door keep left
2. At the first corner righthand to the busstop
3. Take bus no. 33 until the fourth stop „Bergstraße“

4 a) Finde drei weitere Beispiele für Abläufe im Alltag.
b) Suche zwei Beispiele, bei denen die Reihenfolge einzelner Schritte vertauscht werden kann, ohne dass das Ergebnis verändert wird.
c) Suche nun zwei Gegenbeispiele, bei denen Schritte auf keinen Fall vertauscht werden dürfen. Begründe jeweils, warum ein Vertauschen folgenschwer wäre bzw. nicht zu dem gewünschten Ergebnis führt.

5 a) Nenne jeweils einen Vor- und Nachteil, wenn ein Ablauf als Bild oder Bilderfolge anstatt in Textform dargestellt wird.
b) Zeichne eine Anleitung, wie mit einem Geodreieck ein Quadrat der Seitenlänge 6 cm gezeichnet wird.

9.2 Algorithmus und Programm

Wählt vier Schüler mit verschiedenen Vornamen aus, die sich in beliebiger Reihenfolge wie im Bild rechts aufstellen. Sie führen dann folgende Anweisungen aus:

1. Alle gehen in Pfeilrichtung in einen gelben Kreis.
2. Sobald zwei in einem gelben Kreis sind, folgt der Schüler, dessen Name im Alphabet zuerst kommt, dem linken Pfeil, der andere folgt dem rechten Pfeil.
3. In den grünen Kreisen und im blauen wird dieselbe Regel angewendet.

Probiert das mehrmals aus.

- Was bewirkt das Abarbeiten dieser Anweisungen?
- Was muss jeder einzelne Schüler wissen und können?

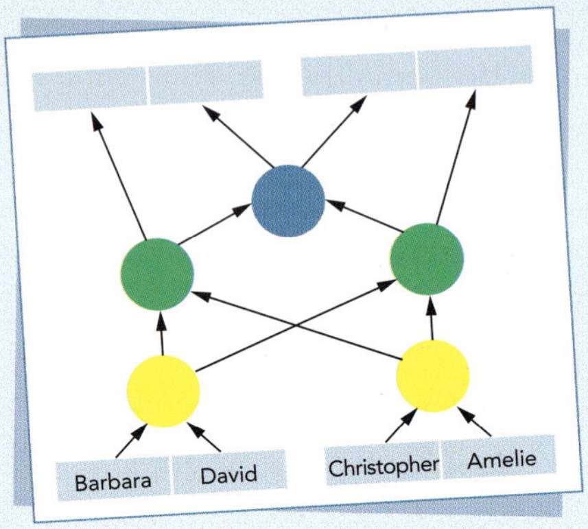

Mit Computern reden

Auch wenn die Steuerung von Smartphones, Computern und Robotern mithilfe natürlicher Sprache immer besser wird, können Maschinen nicht wie Menschen komplexe und für jeden Anwendungsfall unterschiedliche Anweisungen, wie „räum auf" richtig interpretieren und umsetzen. Sie brauchen einen genauen Ablaufplan, in dem jeder mögliche Fall berücksichtigt ist.

Algorithmus:
nach Ibri Musa al-Chwarizmi, arabischer Mathematiker

Algorithmus

Ist die Beschreibung eines Ablaufs so präzise, dass jeder auch ohne Vorkenntnisse zum richtigen Ergebnis kommt, so spricht man von einem **Algorithmus**. Ein Algorithmus muss folgende Bedingungen erfüllen:

Er muss in einer **präzisen** Sprache verfasst sein, d. h. die Bedeutung der Wörter (oder Symbole) ist genau festgelegt.	Leuchtet an einer Verkehrsampel das rote Licht, so bedeutet das immer *Halt* und nie etwas anderes.
Die Beschreibung muss **endlich** sein. Das heißt aber *nicht*, dass auch die Abarbeitung nach endlicher Zeit beendet sein muss!	*„Trainiere solange, bis du die 100 Meter unter 10 Sekunden laufen kannst."* ist eine kurze Beschreibung, deren Abarbeitung aber unendlich lange dauern kann.
Jede Anweisung muss **ausführbar** sein.	Die Schüler im obigen Beispiel müssen ihre Namen alphabetisch vergleichen können.
Er muss ein **allgemeines** Problem lösen, nicht nur einen Spezialfall.	Das Verfahren der schriftlichen Multiplikation liefert für alle Zahlen richtige Ergebnisse, nicht nur für z. B. $13 \cdot 27$.

Beispiele für Algorithmen, die im Unterricht vorkommen, sind schriftliche Rechenverfahren in der Algebra (z. B. Addition zweier Zahlen) oder Konstruktionen in der Geometrie (z. B. Lot errichten).

Programm

Damit auch Maschinen Algorithmen ausführen können, müssen diese in einer formalisierten Sprache (genannt Programmiersprache) formuliert werden. Dann spricht man von einem **Programm**. Wörter in natürlichen Sprachen sind oft mehrdeutig, z. B. Bocksprung. Damit kommen Maschinen nicht zurecht.

Merke

Ein **Algorithmus** ist eine *endliche* Abfolge von *eindeutigen* und *ausführbaren* Anweisungen zur Lösung eines *allgemeinen* Problems. Die. Anweisungen werden in einer festgelegten Reihenfolge durchlaufen und führen von einem definierten **Anfangszustand** (Aufgabenstellung) zu einem konkreten **Endzustand** (Lösung). Ist ein Algorithmus in einer formalisierten Sprache verfasst und kann er auch maschinell ausgeführt werden, so nennt man ihn ein **Programm**.

Aufgaben

1 Spielt das Verfahren aus der Einführung mehrmals durch. Als Variante hält jeder Schüler ein Schild mit einer Zahl. Die Entscheidung, ob nach links oder rechts gegangen wird, fällt aufgrund dieser Zahlen.

a) Formuliere den Algorithmus, so dass mit diesem Verfahren Zahlen sortiert werden können. Berücksichtige auch den Fall, dass zwei Zahlen gleich sind.
b) Erkläre, warum das Verfahren immer zum gewünschten Ergebnis führt.
c) Ändere den Algorithmus so, dass auch dann richtig soritert wird, wenn nur drei Schüler in den unteren Feldern stehen. Unterscheide dabei zwei Möglichkeiten.
d) Überlege dir außer Namen und Zahlen weitere Kriterien, nach denen sortiert werden könnte. Was ändert sich dabei am Algorithmus, was bleibt gleich?
e) Begründe, warum dieser Algorithmus in mehrfacher Hinsicht die Bedingung erfüllt, ein allgemeines Problem zu lösen.

2 Formuliere möglichst kurz jeweils einen Algorithmus zur Lösung dieser mathematischen Probleme. Tausche deinen Algorithmus mit deinem Nachbarn und arbeite exakt nach dessen Anweisungen. Brich die Abarbeitung ab, sobald eine Anweisung auftaucht, die nicht klar ist. Überprüft und besprecht danach eure Ergebnisse.

a) Konstruktion einer Winkelhalbierenden
b) Konstruktion des Spiegelpunktes bei einer Achsenspiegelung

3 Bildet für dieses Roboterspiel Zweiergruppen und wechselt euch jeweils ab. Einer schreibt den Algorithmus, der andere ist der Roboter und führt ihn aus. Der Roboter kann einen Stift führen und versteht die Anweisungen `zeichneStrecke(Länge)`, `drehe(Winkel)` und `wiederhole n Mal`, wobei für `n` eine beliebige natürliche Zahl eingesetzt werden kann.
Der Roboter soll die Figuren rechts zeichnen. Verwendet sinnvolle Maße für die Streckenlängen.

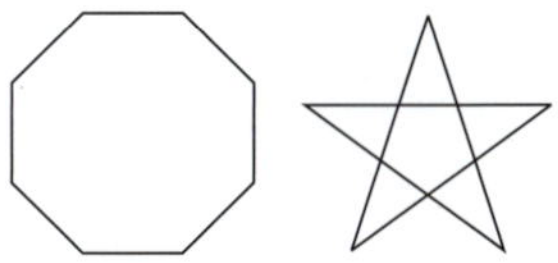

4 Begründe, warum folgende Formulierung in einem Algorithmus und in einem Programm nicht verwendet werden können. Schlage jeweils eine geeignete Formulierung vor.

a) „... eine Prise Salz ..."
b) „... bis es schön aussieht ..."
c) „... mit einem geeigneten Schraubendreher ..."
d) „... in den nächsten Tagen ..."
e) „... das Hindernis umfahren ..."
f) „... kräftig drücken ..."

9.3 Einführung in Robot Karol

Robot Karol ist eine freie, grafische und textbasierte Programmierumgebung, die auf dem eigenen Computer installiert werden kann.

Die Oberfläche von Robot Karol

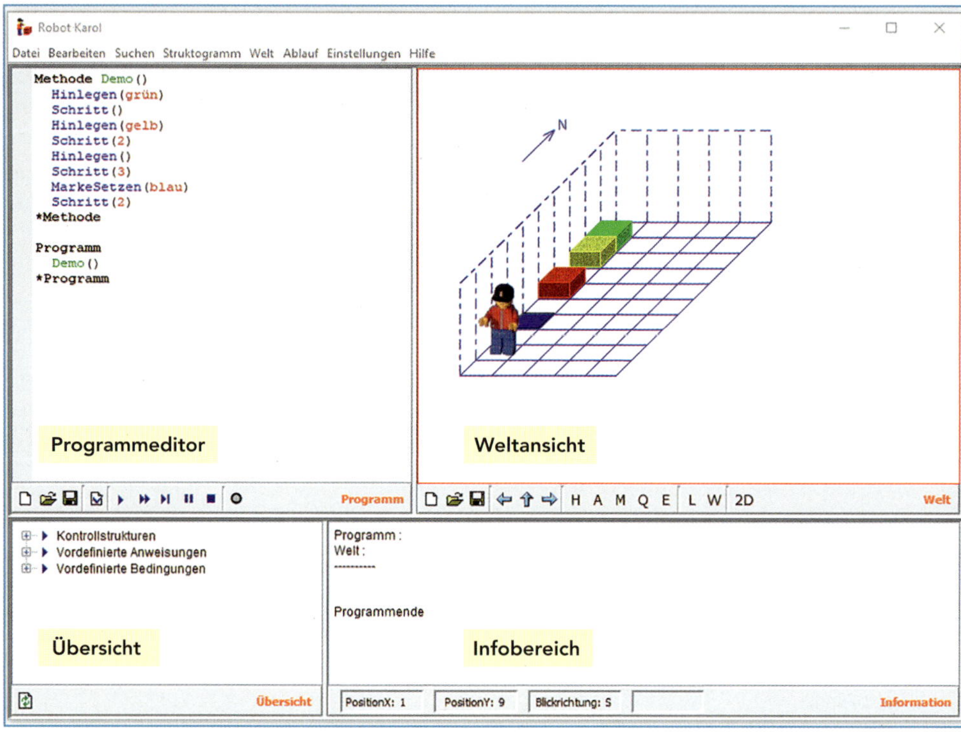

Der Programmeditor

Im **Programmeditor** werden die Programme als Text wie bei einem Textverarbeitungsprogramm eingeben. Die Schaltflächen am unteren Rand haben folgende Bedeutungen:

	neuer Programmtext / öffne gespeicherten Programmtext / speichere Programmtext
	prüfe den Programmtext auf Fehler
	starte die Programmausführung normal / im Schnelldurchlauf / im Einzelschrittmodus
	pausiere die Programmausführung (Fortsetzung durch erneutes Anklicken dieser Schaltfläche) / brich die Programmausführung ab
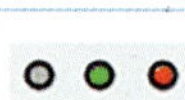	Programm läuft nicht / läuft / Fehler

Während Karol im normalen Programmdurchlauf nach jedem Schritt eine kurze Pause einlegt, wird beim Schnelldurchlauf der Stand nach der Programmausführung praktisch sofort angezeigt.
Im Einzelschrittmodus stoppt das Programm nach der Ausführung einer Methode. Die Schaltfläche muss danach erneut angeklickt werden.

Die Weltansicht

Die Weltansicht zeigt Karol in seiner einfachen Welt, die aus Feldern besteht. Neben der auf der linken Seite zu sehenden 3D-Ansicht, kann die Welt auch zweidimensional dargestellt werden (siehe Randspalte).
Die Schaltflächen am unteren Rand haben folgende Bedeutungen:

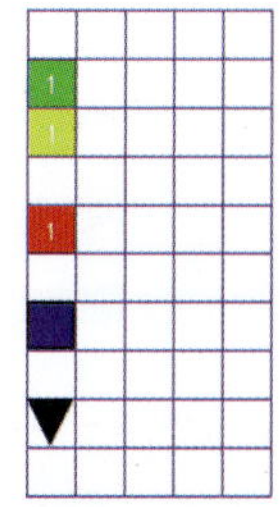

2D-Ansicht

(Symbole)	neue Welt / öffne gespeicherte Welt / speichere Welt
(Pfeile)	Karol dreht sich um 90° nach links / geht einen Schritt vorwärts / dreht sich um 90° nach rechts
H A M Q E	H: Ziegel **h**inlegen; A: Ziegel **a**ufheben; M: **M**arke setzen / entfernen; Q: **Q**uader hinlegen; E: Quader **e**ntfernen
L W	L: Welt **l**öschen; W: Welt **w**iederherstellen
2D	Welt in die zweidimensionale Ansicht umschalten Die Schaltfläche hat dann die Aufschrift 3D, so dass durch erneutes Anklicken die dreidimensionale Ansicht wiederhergestellt werden kann.

Damit kann die Welt gestaltet werden, bevor das Programm gestartet wird. Während Ziegel und Marken auch in Programmen erzeugt und entfernt werden können, gelingt dies mit Quadern nur in der Weltansicht.

Die Übersicht und der Infobereich

In der **Übersicht** können alle Wörter von Karols Sprache nachgelesen werden.
Im **Infobereich** erscheinen Programminformationen, z. B. Fehlermeldungen. Unter dem Infobereich werden Karols momentan gültige Attributwerte angezeigt.

PositionX: 1 | PositionY: 9 | Blickrichtung: S

Die Klassen

Zu einem bestimmten Zeitpunkt existiert *genau ein* Objekt der Klasse `WELT`. Das Objekt der Klasse `WELT` enthält *genau ein* Objekt der Klasse `ROBOTER`, nämlich Karol und *beliebig viele* Objekte der Klassen `ZIEGEL`, `MARKE` und `QUADER`.

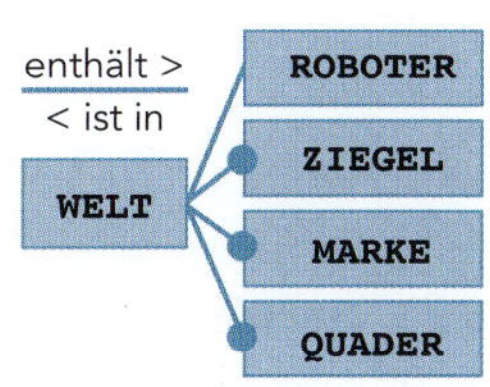


```
Karol: ROBOTER
PositionX     = 1
PositionY     = 9
Blickrichtung = S
```

Die Klasse ROBOTER

Zu Beginn und nach dem Löschen der Welt haben die Attribute Karols folgende Standardwerte:

- `PositionX = 1`
- `PositionY = 1`
- `Blickrichtung = Süden`

Einige Methoden können ohne oder auch mit Parameterwerten aufgerufen werden. Ist kein Parameterwert angegeben, werden Standardwerte eingesetzt:

- `Schritt()` Karol geht einen Schritt vorwärts.
- `Schritt(3)` Karol geht drei Schritte vorwärts.

Wo „vorwärts" ist wird durch das Attribut `Blickrichtung` festgelegt.

Bei einigen Methoden können auch Parameterwerte verschiedener Art angegeben werden:

- `Hinlegen()` Karol legt einen roten Ziegel vor sich.
- `Hinlegen(grün)` Karol legt einen grünen Ziegel vor sich.
- `Hinlegen(3)` Karol legt drei rote Ziegel vor sich.

```
ROBOTER
PositionX
PositionY
Blickrichtung
-------------
Schritt(Anzahl)
Schritt()
LinksDrehen()
Hinlegen()
Hinlegen(Farbe)
Hinlegen(Anzahl)
...
```

9.3* Einführung in Scratch

Scratch ist eine freie, grafische Programmierumgebung, die entweder online verwendet oder auf dem eigenen Computer installiert werden kann.

Die Oberfläche von Scratch

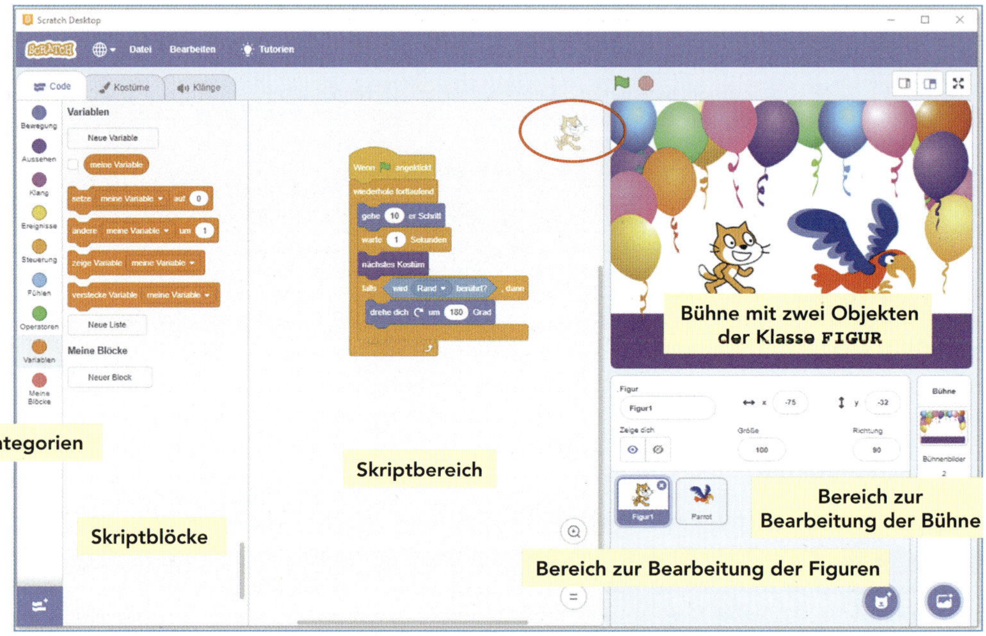

Der Skriptbereich und die Skriptblöcke

Für das gerade ausgewählte Objekt können Programme – in Scratch Skripte genannt – mit den vorhandenen Blöcken im **Skriptbereich** erstellt werden. Zu welchem Objekt ein Skript gehört, erkennt man am Symbol rechts oben im Skriptbereich.
Alle verfügbaren Blöcke werden im Bereich **Skriptblöcke** angezeigt. Man kann sie einfach mit der Maus in den Skriptbereich ziehen und dort zu einem Skript zusammenfügen. Werden sie nicht mehr benötigt, zieht man sie wieder in den Bereich Skriptblöcke.

Die Blöcke sind in **Kategorien** gruppiert, die durch Farben unterschieden werden können. Durch Anklicken des entsprechenden Farbpunktes ganz links, werden die zu dieser Kategorie gehörenden Blöcke im Bereich Skriptblöcke angezeigt.

Wichtig ist der Block rechts aus der Kategorie Ereignisse. Wird die grüne Fahne oberhalb der Bühne angeklickt, so wird begonnen alle Skripte, die mit diesem Block beginnen, abzuarbeiten. Ein Klick auf das rote Achteck links neben der Fahne stoppt alle Skripte.

Bei einigen Skriptblöcken können auch Parameterwerte angegeben werden. Um den Standardwert (hier: 10) zu ändern, klickt man in das weiße Feld und gibt einen neuen ein. Bei anderen Blöcken können die Parameterwerte (hier: Farbe) aus einer Liste ausgewählt werden.

Die Klassen

Das Objekt der Klasse **BÜHNE** kann *beliebig viele* Objekte der Klasse **FIGUR** enthalten. Ein Objekt der Klasse **FIGUR** befindet sich in *genau einem* Objekt der Klasse **BÜHNE**.

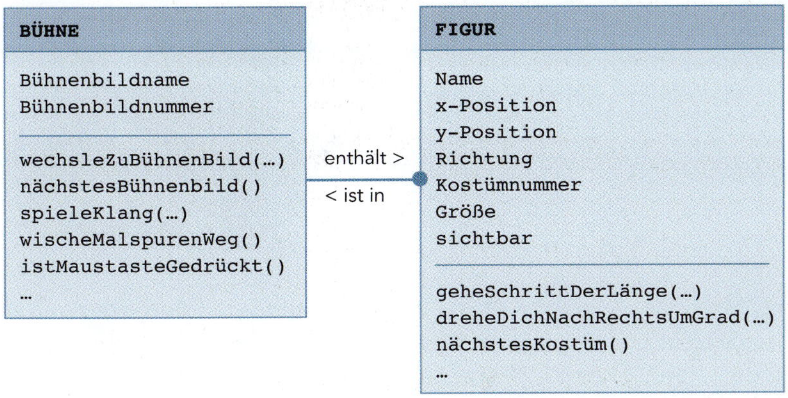

Unterhalb der Bühne werden alle momentan existierenden Objekte der Klasse **FIGUR** angezeigt. Klickt man eines an, sieht man darüber einige Attributwerte und im Skriptbereich das zugehörige Skript. Nach einem Klick auf den Katzenkopf rechts unten kann ein neuer Sprite eingefügt werden.

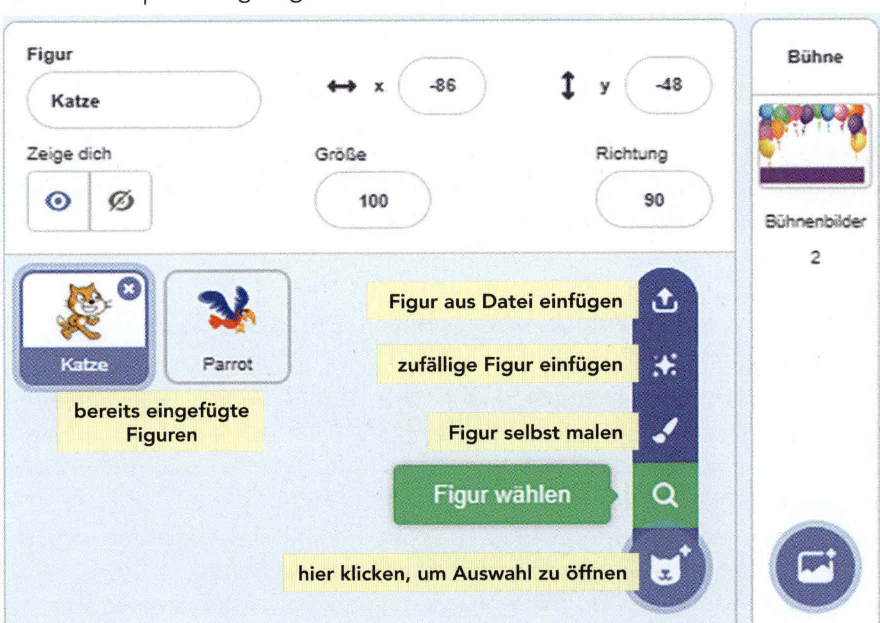

Mit „Figur wählen" kann aus einer großen Zahl mitgelieferter Figuren eine ausgewählt und der Bühne hinzugefügt werden. Bei einigen davon kann das Aussehen, genannt Kostüm, verändert werden.

Nach einem Klick auf das Symbol rechts stehen für die Bühne dieselben Möglichkeiten zur Verfügung.

Nach einem Rechtsklick auf die Darstellung einer Figur kann eine Kopie davon nochmals eingefügt, der Sprite gelöscht oder in einer Datei gespeichert werden.

9.4 Sequenz

Max lernt seit kurzem das Klavierspielen. Er möchte „Alle meine Entchen" spielen, hat jedoch keine Noten.
Anna spielt schon länger Violine und kennt die Noten auswendig. Mit ihrer Hilfe könnte Max die Melodie mit der rechten Hand spielen.

- Welche Anweisungen muss Anna Max geben, damit er das Lied auf dem Klavier spielen kann?

Methodenaufrufe

Damit Karol eine Methode ausführt, muss man sie aufrufen (**Methodenaufruf** ➥ W3). Da nur ein Objekt der Klasse `ROBOTER` existiert, kann der Objektname auch weggelassen werden, z. B. `Karol.Schritt()` oder kurz `Schritt()` bzw. `Karol.Hinlegen()` oder kurz `Hinlegen()`.

erlaubte Parameterwerte für Farben:
`rot, gelb, blau, grün`

Bei den Methoden `Hinlegen()` und `MarkeSetzen()` kann auch ein Parameterwert für die Farbe angegeben werden, z. B. `Hinlegen(gelb)`.

Bei den Methoden `Schritt()`, `Hinlegen()` und `Aufheben()` kann auch ein Parameterwert für die Anzahl angegeben werden, z. B. `Schritt(5)`.

Die Kontrollstruktur Sequenz

Die Methoden im Programm rechts werden von Karol in dieser Reihenfolge genau einmal ausgeführt. Diese lineare Folge von Methodenaufrufen innerhalb des Programmcodes bezeichnet man als **Sequenz**. Beim Ausführen der Sequenz rechts baut Karol eine Treppe.

```
Hinlegen()
Schritt()
Hinlegen(2)
Schritt()
Hinlegen()
Schritt(2)
```

Eigene Methoden

Durch eigene Methoden werden Programme übersichtlicher und sind leichter erweiterbar.

```
Methode baueTreppe()
  Hinlegen()
  …
  Schritt()
*Methode

Programm
  baueTreppe()
*Programm
```

Soll Karol weitere Treppen bauen, müsste die obige Sequenz mehrmals eingegeben werden. Einfacher und übersichtlicher ist es aber, eine eigene Methode zu erstellen. In der Sprache Karols schreibt man dazu die Sequenz zwischen `Methode baueTreppe()` und `*Methode` und rückt die Methodenaufrufe dazwischen etwas ein, um die Übersicht zu erhöhen. Damit hat Karol etwas Neues gelernt: Ein Aufruf von `baueTreppe()` genügt, damit er die Sequenz ausführt.
Das Programm ist eine Methode, die beim Start automatisch aufgerufen wird. Im Programmtext darf es nur eines geben, daher ist ein Name unnötig.

Wichtig: Eigene Methoden werden genauso aufgerufen wie die ursprünglich vorhandenen, daher wird im Folgenden das Wort „eigene" weggelassen. Bevor eine eigene Methode aufgerufen werden kann, muss Karol sie gelernt haben. Daher muss die Methode vor dem Programm stehen.

Struktogramme

Mit Nassi-Shneiderman-Diagrammen bzw. **Struktogrammen** kann man die Entwürfe von Programmen und Methoden unabhängig von der verwendeten Programmiersprache grafisch darstellen. Jeder Methodenaufruf wird in ein Rechteck geschrieben. Dieses Struktogramm ist der Entwurf der Methode `baueTreppe()`.

lege einen Ziegel
gehe einen Schritt
lege zwei Ziegel
gehe einen Schritt
lege einen Ziegel
gehe zwei Schritte

Merke

Mit **Methodenaufrufen** gibt man einem Objekt Anweisungen.
Eine **Sequenz** ist eine lineare Abfolge von Methodenaufrufen innerhalb eines Programmcodes. Diese werden nacheinander ausgeführt.
Mit **Struktogrammen** lassen sich Programmentwürfe unabhängig von der Programmiersprache grafisch darstellen. Das Struktogramm für die Kontrollstruktur **Sequenz** besteht aus Rechtecken, die jeweils einen Methodenaufruf enthalten und die in der Reihenfolge der Ausführung untereinander angeordnet werden.

Methodenaufruf 1
Methodenaufruf 2
Methodenaufruf 3

Aufgaben

Vergiss nicht, auch jeweils geeignete Testprogramme zu schreiben.

1 Gib die Methode `baueTreppe()` von der linken Seite und das zugehörige Programm in den Programmeditor ein. Speichere den Programmtext.

a) Kann Karol die Treppe immer vollständig bauen? Formuliere eine Regel.
b) Schreibe eine weitere Methode, die ebenfalls `baueTreppe()` heißt. Beschreibe, was passiert. Lösche diese zweite Methode wieder.
c) Finde heraus, ob Karol von einem Feld ohne Ziegel aus auf ein Feld mit zwei oder mehr Ziegeln gehen kann. Probiere auch den umgekehrten Fall.
d) Schreibe die Methode `baueZweiTreppen()`, in der `baueTreppe()` zweimal nacheinander aufgerufen wird. Setze zunächst die Methode `baueZweiTreppen()` *vor* `baueTreppe()`, dann dahinter. Beschreibe, was jeweils passiert.

2 Schreibe Methoden, sodass Karol die Aufgaben erledigt, und ein Programm, das die Methoden aufruft. Teste die korrekte Funktion.

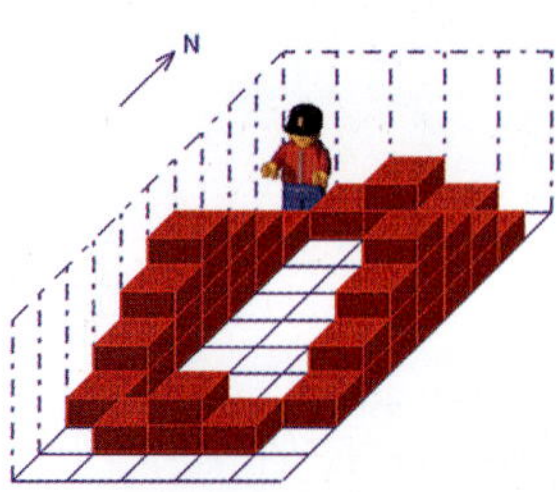

a) Die Methode `baueGroßeTreppe()` soll Karol anweisen, eine doppelt so hohe Treppe zu bauen. Zeichne das Struktogramm zu dieser Methode.
b) Mithilfe einer weiteren Methode soll Karol ein Rechteck aus zwei kleinen und zwei großen Treppen bauen. Verwende dazu die bereits vorhandenen Methoden aus den Aufgaben 1 und 2a). Zeichne das Struktogramm.

3 Bearbeite wie in Aufgabe 2 und speichere den Programmtext.

a) Schreibe die Methode `dreheDichUm()`, die dafür sorgt, dass Karol in die entgegengesetzte Richtung schaut, ohne seine Position zu verändern.
b) Schreibe die Methode `geheSchrittZurück()`. Sie bewirkt, dass Karol genau ein Feld hinter seiner momentanen Position steht, aber immer noch in dieselbe Richrung schaut. Verwende dazu die Methode `dreheDichUm()`.
c) In einer Methode stehen die Aufrufe `dreheDichUm()` und `geheSchrittZurück()` unmittelbar hintereinander. Teste, was beim Vertauschen der Reihenfolge passiert. Begründe das Ergebnis.

Die Methoden `dreheDichUm()` und `geheSchrittZurück()` benötigst du in Aufgabe 4.

4 Karol soll eine Burgmauer wie im Bild rechts bauen.

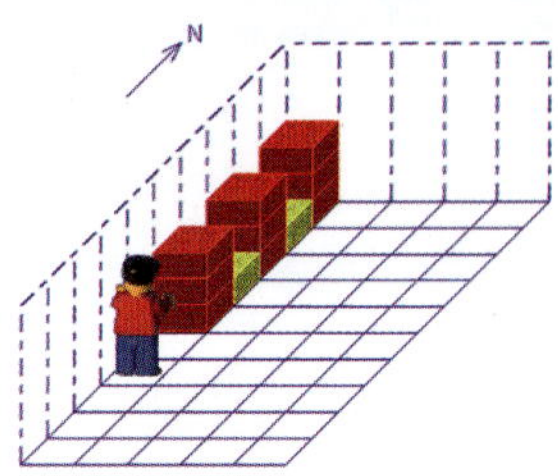

a) Begründe, warum es einfacher ist, wenn er dabei rückwärts geht.
b) Schreibe eine Methode `baueZinne()`, die bewirkt, dass Karol drei Ziegel aufeinanderlegt und einen Schritt zurück geht.
c) Schreibe nun unter der Verwendung der Methode `baueZinne()` die Methode `baueBurgmauer()` zum Bau der Mauer.

9.4* Sequenz

Max lernt seit kurzem das Klavierspielen. Er möchte „Alle meine Entchen" spielen, hat jedoch keine Noten.
Anna spielt schon länger Violine und kennt die Noten auswendig. Mit ihrer Hilfe könnte Max die Melodie mit der rechten Hand spielen.

- Welche Anweisungen muss Anna Max geben, damit er das Lied auf dem Klavier spielen kann?

Methodenaufrufe

Wo „vorwärts" ist, wird durch das Attribut `Richtung` (9.3*) festgelegt.

In unserer grafischen Programmierumgebung können die Objekte eine Vielzahl an Methoden ausführen. Beispiele für Methoden:

Das Objekt geht einen 10er-Schritt vorwärts.

Das Objekt dreht sich um 15 Grad im Uhrzeigersinn.

Objekte führen Methoden nur dann aus, wenn sie durch einen Block im Skriptbereich dazu aufgefordert werden. Dies nennt man einen **Methodenaufruf** (W3).

Die Kontrollstruktur Sequenz

Das Vogel-Objekt führt das angegebene Programm aus. Jeder Block im Programm entspricht dem Aufruf einer Methode, die das Vogel-Objekt in dieser Reihenfolge genau einmal ausführt. Den linearen Ablauf von Methodenaufrufen innerhalb eines Programmcodes bezeichnet man als **Sequenz**.

Durch eigene Methoden werden Programme übersichtlicher und sind leichter erweiterbar.

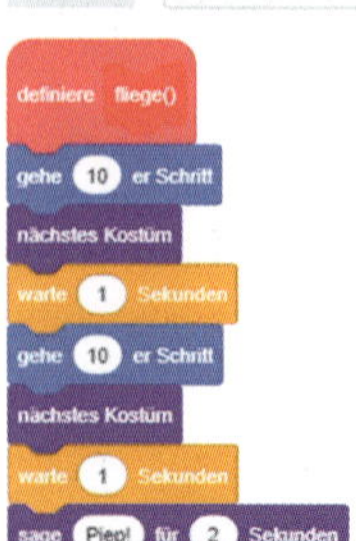

Eigene Methoden

Soll das Vogel-Objekt mehrere Flügelschläge ausführen, müsste die obige Sequenz mehrmals eingegeben werden. Einfacher und übersichtlicher ist es aber, eine eigene Methode (in Scratch: Block) zu erstellen. In der Kategorie „Meine Blöcke" klickt man dazu auf „Neuer Block" und gibt den Namen der Methode, z. B. `fliege()` an.

Wichtig: Eigene Methoden werden genauso aufgerufen wie die ursprünglich vorhandenen, daher wird im Folgenden das Wort „eigene" weggelassen.

Struktogramme

Mit Nassi-Shneiderman-Diagrammen bzw. **Struktogrammen** kann man die Entwürfe von Programmen und Methoden unabhängig von der verwendeten Programmiersprache grafisch darstellen. Jeder Methodenaufruf wird in ein Rechteck geschrieben. Dieses Struktogramm ist der Programmentwurf für das obige Programm.

gehe einen 10er-Schritt vorwärts
bewege die Flügel nach unten
warte eine Sekunde
gehe einen 10er-Schritt vorwärts
bewege die Flügel nach oben
warte eine Sekunde
sage „Piep!" für 2 Sekunden

Merke

Mit **Methodenaufrufen** gibt man einem Objekt Anweisungen.
Eine **Sequenz** ist eine lineare Abfolge von Methodenaufrufen innerhalb eines Programmcodes. Diese werden nacheinander ausgeführt.
Mit **Struktogrammen** lassen sich Programmentwürfe unabhängig von der Programmiersprache grafisch darstellen.
Das Struktogramm für die Kontrollstruktur **Sequenz** besteht aus Rechtecken, die jeweils einen Methodenaufruf enthalten und die in der Reihenfolge der Ausführung untereinander angeordnet werden.

Methodenaufruf 1
Methodenaufruf 2
Methodenaufruf 3

Aufgaben

1 Schreibe dein erstes Programm.

a) Lasse ein Vogel-Objekt die Methode `fliege()` auf der linken Seite ausführen.
b) Ergänze die Methode um einen weiteren Flügelschlag.
Tipp: Klicke mit der rechten Maustaste auf einen Block in deinem Skript und wähle im daraufhin erscheinenden Menü Duplizieren aus.
c) Ändere Schrittweite, Wartezeiten und die „Aussage" des Vogels. Lasse ihn sich auch drehen.
d) Zeichne ein Struktogramm zu deiner Methode.
e) Füge weitere Objekte hinzu und lasse sie ähnliche Methoden ausführen.

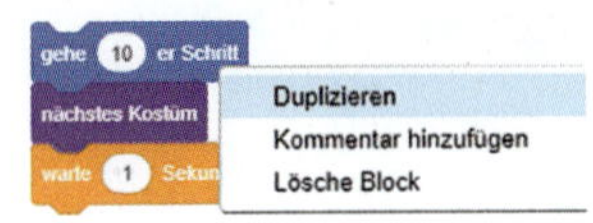

2 Let's play the song.

a) Suche im Internet nach den Noten für das Lied „Alle meine Entchen".
b) Erstelle für die ersten beiden Takte ein Struktogramm, damit Anna weiß, welche Anweisungen sie Max zum Spielen des Liedes geben muss (s. Einführungsbeispiel).
c) Setze dein Struktogramm in der grafischen Programmierumgebung um.

Tipp:
Die benötigten Methoden findest du in der Kategorie Musik, die nach einem Kick auf  (links unten) eingefügt werden kann.
Solltest du nichts hören, verwende einen Kopfhörer.

3 Let's dance.

a) Wähle ein tanzendes Personen-Objekt aus, das mehrere Tanzkostüme enthält, und lasse dieses zu Musik tanzen!
Wähle eine Musik aus, die dir gefällt, und wechsle die Kostüme. Informiere dich in den Tabs „Kostüme" und „Klänge", was für dieses Objekt zur Verfügung steht.

b) Zeichne ein Struktogramm zu deiner in a) erstellten Methode.

Tipp:
Mit den Methodenaufrufen 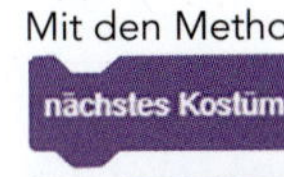

oder 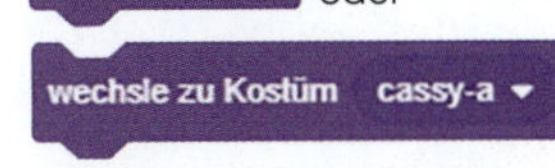

aus der Kategorie 

kannst du es realisieren.

4 Füge die Buchstaben deines Namens als einzelne Objekte ein und animiere jedes einzelne Buchstaben-Objekt.
Verwende anstatt des Blockes mit der Fahne folgenden Block 
.
So starten die Skripte aller Buchstaben-Objekte nicht gleichzeitig.

5 Erstelle einen Animationsfilm mit der grafischen Programmierumgebung, der eine Geschichte (Liebesgeschichte, Actionfilm, usw.) erzählt.
Speichere dein Programm ab (Fortsetzung 9.8* Aufgabe 4).

9.5 Wiederholung mit fester Anzahl

Janina geht jede Woche zum Schwimmtraining. Ihre beste Freundin Maria spielt mit dem Gedanken dem Schwimmverein beizutreten und geht daher zu einem Probetraining mit. Der Trainer gibt die Anweisung, sich einzuschwimmen. Maria weiß mit dieser ungenauen Anweisung nichts anzufangen. Damit ist gemeint: Es sollen 400 Meter Kraul geschwommen werden. Das Becken ist 50 Meter lang. Am Ende jeder Bahn soll die Wende geübt werden.

- Welche Anweisungen muss Janina Maria geben?

```
Methode legeBlüte()
  MarkeSetzen()
  Schritt()
  LinksDrehen()
  Schritt()
  MarkeSetzen()
  Schritt()
  LinksDrehen()
  Schritt()
  MarkeSetzen()
  Schritt()
  LinksDrehen()
  Schritt()
  MarkeSetzen()
  Schritt()
  LinksDrehen()
  Schritt()
  LinksDrehen()
  Hinlegen()
  RechtsDrehen()
*Methode
```

```
Programm
  Schritt()
  wiederhole 3 Mal
    legeBlüte()
    Schritt(3)
  *wiederhole
*Programm
```

Die Kontrollstruktur Wiederholung mit fester Anzahl

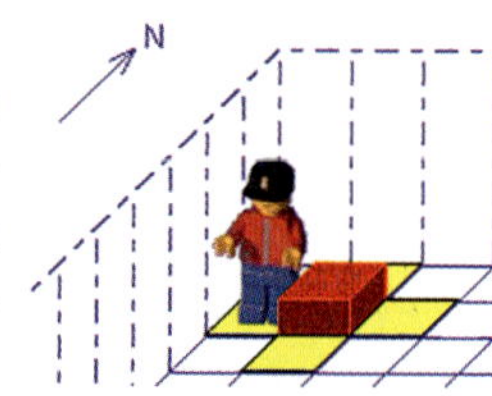

Die Methode `legeBlüte()` bewirkt, dass Karol aus Marken und einem Ziegelstein eine Blüte legt. Karol muss dabei viermal dieselbe rot eingerahmte Sequenz ausführen. Schreibt man sie nur einmal, mit der Aufforderung sie viermal zu wiederholen, so wird der Programmtext übersichtlicher und kürzer.

```
wiederhole 4 Mal
  MarkeSetzen()
  Schritt()
  RechtsDrehen()
  Schritt()
*wiederhole
```

Diese Struktur nennt man eine **Wiederholung mit fester Anzahl**. In der Sprache von Karol steht zu Beginn einer z. B. viermaligen Wiederholung `wiederhole 4 Mal`, am Ende `*wiederhole`. Wie auch bei `Programm` und `Methode` (➥ 9.4) rückt man die Zeilen zwischen `wiederhole` und `*wiederhole` etwas ein. Statt 4 kann an dieser Stelle jede beliebige natürliche Zahl stehen.

Im Programm selbst kann nun Karol aufgefordert werden, in einer ausreichend großen Welt eine beliebige Anzahl von Blüten zu legen. Dazu ruft man auch `legeBlüte()` innerhalb einer Wiederholung auf. Die gewünschte Anzahl an Blüten wird durch die Anzahl der Wiederholungen festgelegt, ohne dass weitere Änderungen nötig sind. Die Methode `Schritt(3)` sorgt dafür, dass Karol nach dem Legen einer Blüte wieder genau richtig steht, um die nächste legen zu können.

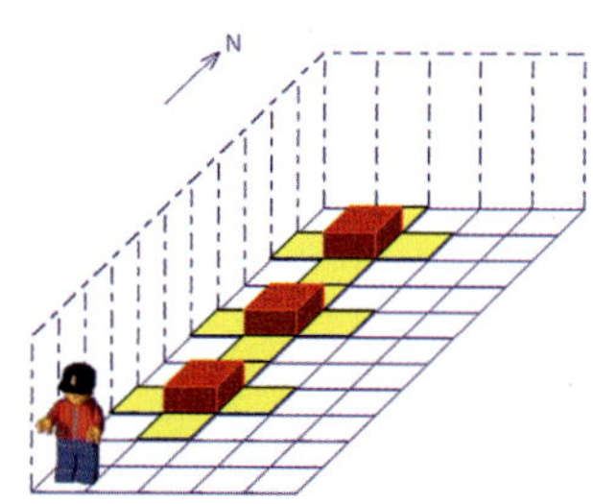

Struktogramm

Das Struktogramm für die Wiederholung mit fester Anzahl besteht aus einem Rechteck, in das eingerückt die Rechtecke für die Sequenz, die mehrfach ausgeführt werden soll, gezeichnet werden.

Das nebenstehende Struktogramm ist der Entwurf für die Methode `legeBlüte()`.

wiederhole 4 Mal	
	setze eine Marke
	gehe einen Schritt
	drehe dich nach links
	gehe einen Schritt
drehe dich nach links	
lege einen Ziegel	
drehe dich nach rechts	

Merke

Ein Programm, in dem mehrfach nacheinander die gleiche Sequenz vorkommt, kann durch die **Wiederholung mit fester Anzahl** vereinfacht werden.
Es muss vor Beginn der Wiederholung bekannt sein, wie oft die Sequenz wiederholt werden soll.

Struktogramm für die Kontrollstruktur **Wiederholung mit fester Anzahl**:

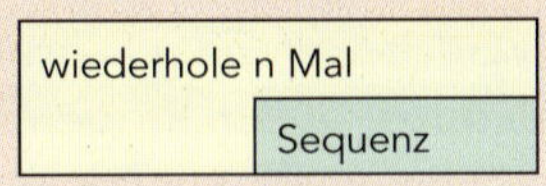

Aufgaben

1 Gib die Methode `legeBlüte()` von der linken Seite in den Programmeditor ein. Verwende gleich die Struktur Wiederholung mit fester Anzahl.

a) Teste mithilfe eines geeigneten Programms die korrekte Funktion der Methode.
b) Begründe, warum Karol vor dem Legen der ersten Blüte einen Schritt nach vorne gehen muss.
c) Gestalte in einer genügend großen Welt eine Blumenwiese mit Blüten in verschiedenen Farben.

2 Stelle die Welt genügend groß ein. Verwende wo immer möglich die Kontrollstruktur Wiederholung mit fester Anzahl und schreibe geeignete Programme zum Testen der Methoden.

a) Schreibe eine Methode `lege4Ziegel()`, so dass Karol vier Ziegel in einer Reihe legt und dann auf dem letzten steht.
b) Schreibe die Methode `legeQuadrat()`. Rufe für jede Seite des Quadrats die Methode `lege4Ziegel()` auf.
c) Schreibe eine Methode, die `legeQuadrat()` dreimal aufruft.

3 Jeweils abwechselnd spielt ein Schüler Karol, der andere ruft die Methoden auf. Sorgt dafür, dass keine Hindernisse im Weg stehen.

a) Karol soll den Rand eines Quadrats der Seitenlänge drei Schritte ablaufen.
b) Begründet, warum folgender Text nicht eindeutig ist. Formuliert mindestens zwei Verbesserungen und zeichnet jeweils das Struktogramm dazu:
Karol soll viermal nacheinander einen Schritt gehen, eine Sekunde warten und dann seinen Namen sagen.
c) Bearbeitet wie in Teilaufgabe b): Karol soll dreimal einen Schritt laufen, sich dann dreimal um 90° nach rechts drehen und danach noch zwei Schritte laufen.
d) Denkt euch weitere Wege aus, die Karol ablaufen soll.

4 Gib jeweils die Anzahl der Wiederholungen und die wiederholte Sequenz an. Zeichne dann zu jedem Vorgang das Struktogramm.

a) 800-m-Freistilschwimmen in einem 50-m-Becken
b) 10 000-m-Lauf in einem Stadion (eine Runde ist 400 m lang)
c) Singen eines Liedes aus fünf Strophen und einem Refrain, der zwischen den Strophen gesungen wird
d) Abfolge der Wochentage innerhalb dieses Jahres; beachte dabei, welcher Wochentag in diesem Jahr der 1. Januar ist und dass ein Tag übrigbleibt.

9.5* Wiederholung mit fester Anzahl

Janina geht jede Woche zum Schwimmtraining. Ihre beste Freundin Maria spielt mit dem Gedanken dem Schwimmverein beizutreten und geht daher zu einem Probetraining mit. Der Trainer gibt die Anweisung, sich einzuschwimmen. Maria weiß mit dieser ungenauen Anweisung nichts anzufangen. Damit ist gemeint: Es sollen 400 Meter Kraul geschwommen werden. Das Becken ist 50 Meter lang. Am Ende jeder Bahn soll die Wende geübt werden.

- Welche Anweisungen muss Janina Maria geben?

Ein passendes Programm:

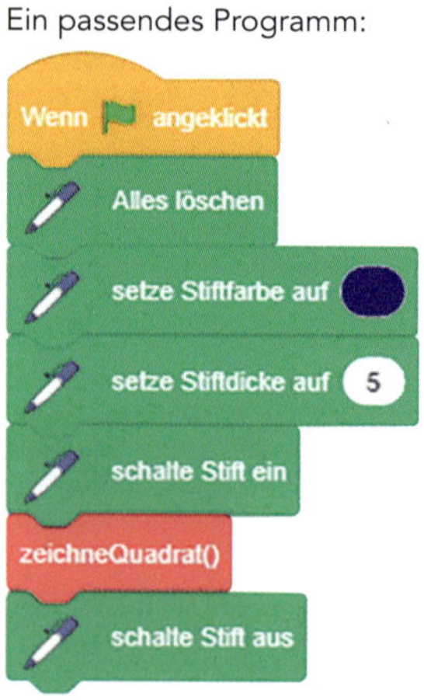

Die grünen Blöcke stehen zur Verfügung, nachdem auf  (links unten im Programmfenster) geklickt und die Erweiterung Malstift hinzugefügt wurde.

UZS = Uhrzeigersinn

Die Kontrollstruktur Wiederholung mit fester Anzahl

Mit der Methode `zeichneQuadrat()` kann das Käfer-Objekt den Rand eines Quadrats der Seitenlänge eines 200er-Schritts ablaufen und es dabei zeichnen.
Die folgende Sequenz wird dabei viermal benötigt:

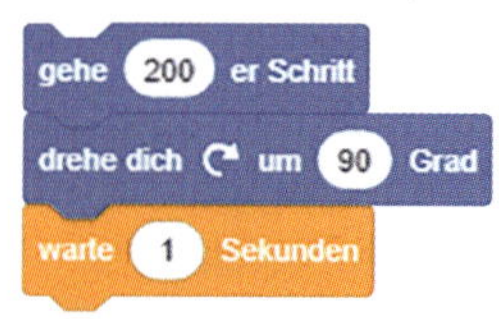

Einfacher ist es, diese Sequenz nur einmal anzugeben und sie viermal wiederholen zu lassen:

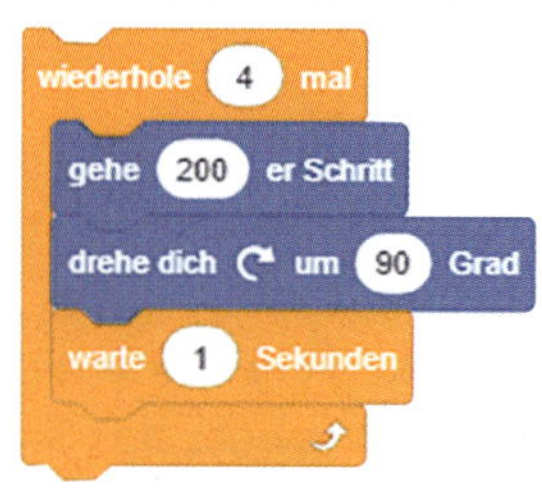

Durch den Block  entsteht nach dem Zeichnen einer Quadratseite eine kleine Pause, so dass die Entstehung des Quadrats besser verfolgt werden kann.

Diese Struktur nennt man eine **Wiederholung mit fester Anzahl**. Es wird mitgezählt, wie oft die Sequenz bereits ausgeführt wurde. Wenn der Wert vier erreicht ist, ist die Wiederholung abgeschlossen und es werden die nachfolgenden Methoden ausgeführt.

Struktogramm

Das Struktogramm für die Wiederholung mit fester Anzahl besteht aus einem Rechteck, in das eingerückt die Rechtecke für die Sequenz, die mehrfach ausgeführt werden soll, gezeichnet werden.
Das nebenstehende Struktogramm ist der Entwurf für die Methode `zeichneQuadrat()`.

wiederhole 4 Mal	
	gehe einen 200er-Schritt vorwärts
	drehe dich um 90° im UZS
	warte eine Sekunde

Merke

Ein Programm, in dem mehrfach nacheinander die gleiche Sequenz vorkommt, kann durch die **Wiederholung mit fester Anzahl** vereinfacht werden.
Es muss vor Beginn der Wiederholung bekannt sein, wie oft die Sequenz wiederholt werden soll.

Struktogramm für die Kontrollstruktur **Wiederholung mit fester Anzahl**:

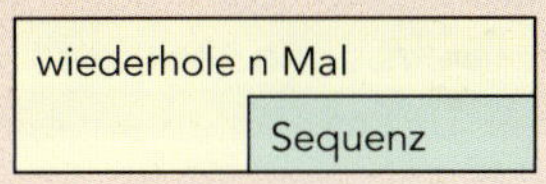

Aufgaben

1 Mit dem Methodenaufruf 

aus der Kategorie 

lässt sich der gelaufene Weg eines Objekts sichtbar machen.

a) Lasse ein Objekt deiner Wahl – wie in der Methode auf der linken Seite – den Rand eines Quadrats ablaufen.
Speichere dein Programm ab (➥ Fortsetzung 9.9* Aufgabe 1).

b) Verändere die Malfarbe, die Schrittlänge sowie den Drehwinkel und beobachte die Veränderungen.

Der Methodenaufruf

entfernt alle Malspuren auf der Bühne. Die benötigten Methoden findest du in der Kategorie Malstift, die nach einem Kick auf (links unten) eingefügt werden kann.

2 Lasse ein Objekt deiner Wahl mithilfe einer geeigneten Methode die Figuren rechts laufen und mache die Spur sichtbar. Speichere jeweils dein Programm ab (➥ Fortsetzung 9.9* Aufgabe 2).

a) Rand eines gleichseitigen Dreiecks
b) Rand eines regelmäßigen Sechsecks
c) Kreislinie
d) Linien eines Pentagramms
e) Erstelle die Struktogramme zu den Aufgaben 2a) bis 2d).

Aufgabe 2

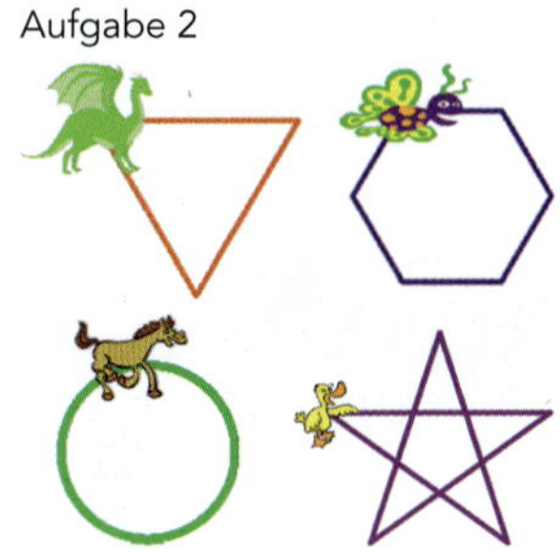

3 Arbeitet zu zweit und wechselt euch ab. Jeweils ein Schüler spielt ein Objekt, dem dieselben Methoden wie die Objekte in unserer grafischen Programmierumgebung zur Verfügung stehen, der andere ruft die Methoden auf. Sorgt dafür, dass keine Hindernisse im Weg stehen.

a) Das Objekt soll den Rand eines Quadrats der Seitenlänge drei Schritte ablaufen.

b) Begründet, warum folgender Text nicht eindeutig ist. Formuliert mindestens zwei Verbesserungen und zeichnet jeweils das Struktogramm dazu:
Das Objekt soll viermal nacheinander einen Schritt gehen, eine Sekunde warten und dann seinen Namen sagen.

c) Bearbeitet wie in Teilaufgabe b): Das Objekt soll dreimal einen Schritt laufen, sich dreimal um 90° nach rechts drehen und noch zwei Schritte laufen.

d) Denkt euch weitere Wege aus, die das Objekt ablaufen soll.

4 Gib jeweils die Anzahl der Wiederholungen und die wiederholte Sequenz an. Zeichne dann zu jedem Vorgang das Struktogramm.

a) 800-m-Freistilschwimmen in einem 50-m-Becken
b) 10 000-m-Lauf in einem Stadion (eine Runde ist 400 m lang)
c) Singen eines Liedes aus fünf Strophen und einem Refrain, der zwischen den Strophen gesungen wird
d) Abfolge der Wochentage innerhalb dieses Jahres; beachte dabei, welcher Wochentag in diesem Jahr der 1. Januar ist und dass ein Tag übrigbleibt.

9.6 Wiederholung mit Bedingung

Anne und Fabian sind begeisterte Triathleten. Mit ihrer Pulsuhr haben sie ihre individuelle maximale Herzfrequenz ermittelt. Nun möchte der Trainer, dass jeder mit mehreren 100-m-Läufen an seine Belastungsgrenze geht. Hat einer von beiden seine maximale Herzfrequenz erreicht, so soll er aufhören und sich auslaufen, ansonsten wieder 100 m laufen.

- Wie würdest du die Anweisungen des Trainers als Programm formulieren?
- Begründe, ob er die Wiederholung mit fester Anzahl verwenden kann.

Bedingung

„Karol steht mit dem Gesicht direkt vor einer Wand.": Diese Aussage ist im oberen Bild richtig, im unteren Bild falsch. Aussagen, die einen Wahrheitswert – **wahr** oder **falsch** – zurückliefern, bezeichnet man in der Informatik als **Bedingung**.

In Karols Sprache sind Bedingungen keine Sätze, sondern Methoden, die wahr oder falsch zurückliefern, z. B.: `IstWand()`, `IstZiegel()`, `IstMarke()`.

Das Wort `nicht` vor einer Bedingung verneint den gelieferten Wahrheitswert. Auch Bedingungen können mit Parameterwerten aufgerufen werden, z. B. liefert `IstZiegel(grün)` nur dann wahr, wenn der Ziegel vor Karol grün ist.

`IstWand()`	`nicht IstWand()`
wahr	falsch
falsch	wahr

Die Kontrollstruktur Wiederholung mit Bedingung

Mithilfe einer Wiederholung mit fester Anzahl kann Karol keine beliebig hohen Ziegelstapel abräumen: Zu dem Zeitpunkt, an dem das Programm geschrieben wird, ist noch nicht bekannt, wie viele Ziegel dann später während der Programmausführung aufeinander liegen werden. Karol kann jedoch mithilfe von `IstZiegel()` feststellen, ob der Platz vor ihm leer ist. Damit lässt sich formulieren: Solange noch Ziegel da sind, hebe einen auf.

Die Kontrollstruktur, bei der eine Sequenz immer wieder ausgeführt wird, solange eine Bedingung wahr liefert, heißt **Wiederholung mit Bedingung**.

```
wiederhole solange IstZiegel()
  Aufheben()
*wiederhole
```

Zunächst wird jeweils geprüft, ob die Bedingung erfüllt ist. Liefert sie wahr, wird die Sequenz nochmals durchgeführt, bei falsch fährt das Programm mit dem fort, was unter `*wiederhole` steht. Damit ist es sowohl möglich, dass die Sequenz nie ausgeführt wird, als auch, dass die Wiederholung nie stoppt.

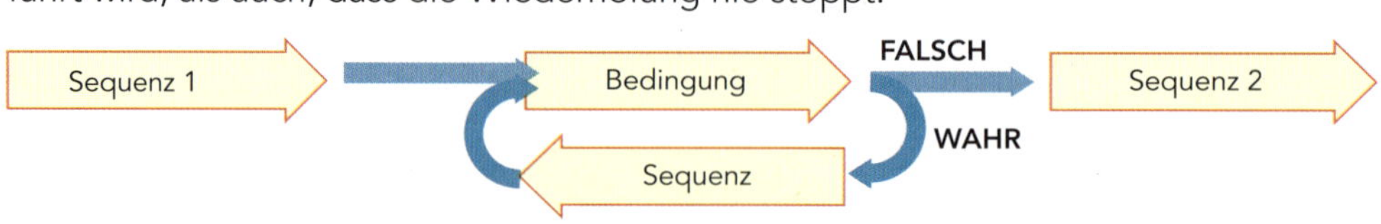

Struktogramm

Das nebenstehende Struktogramm entspricht dem Programmausschnitt oben.

wiederhole solange ein Ziegel da ist	
	hebe einen Ziegel auf

Merke

Bedingungen sind Aussagen, die einen Wahrheitswert – wahr oder falsch – zurückliefern. Mit der **Wiederholung mit Bedingung** wird eine Sequenz wiederholt, solange die Bedingung wahr liefert. Damit muss die Anzahl der Wiederholungen zu Beginn nicht bekannt sein.

Struktogramm für die Kontrollstruktur **Wiederholung mit Bedingung**:

wiederhole solange Bedingung	
	Sequenz

Aufgaben

1 Tippe das Programm auf der linken Seite ab.

a) Erstelle eine Methode `räumeZiegelAb()`. Teste, ob die Methode bei jeder Stapelhöhe (auch bei „Stapeln" ohne Ziegel!) richtig ausgeführt wird.

b) Überlege, ob eine ähnliche Methode `räumeMarkenAb()` sinnvoll ist.

2 Schreibe jeweils eine Methode, sodass Karol folgendes leistet.

a) `laufeBisWand()`: Karol läuft von jeder beliebigen Startposition aus bis zur Wand und bleibt dort, ohne dass eine Fehlermeldung angezeigt wird, stehen.

b) `laufeBisMarke()`: Karol soll analog a) bis zu einer Marke laufen. Teste was passiert, wenn keine Marke vorhanden ist.

c) Begründe jeweils, warum eine Wiederholung mit fester Anzahl diese Probleme nicht lösen kann.

3 Schreibe jeweils geeignete Methoden.

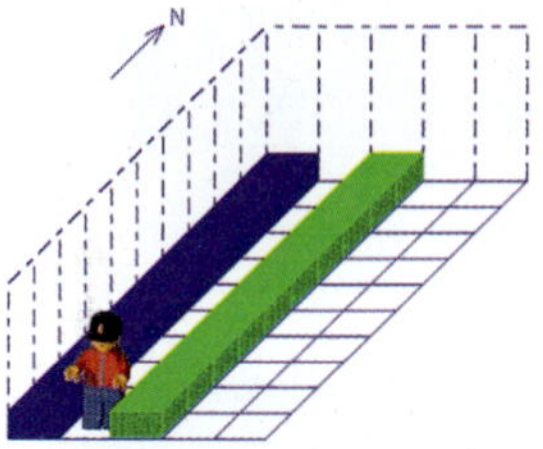

a) Karol soll von seinem Standpunkt aus bis zur Wand laufen und dabei auf jedes Feld eine Marke legen.

b) Lasse Karol Eisenbahnschienen verlegen, d.h. bis zur Wand legt er jeweils links und rechts von sich einen Ziegel.

c) Karol soll sich solange nach links drehen, bis vor ihm keine Wand mehr ist.

d) Karol soll sich solange nach rechts drehen, bis vor ihm kein Ziegel mehr ist. Versuche die Ausgangssituation so einzustellen, dass er verschieden viele Drehungen macht. Kann es sein, dass er sich ewig dreht?

4 Arbeitet zu zweit und wechselt euch ab. Jeweils ein Schüler spielt Karol, der andere ruft die Methoden auf.

a) Karol soll den Wahrheitswert von Aussagen (z. B. hier ist eine Wand) richtig beurteilen, indem er wahr oder falsch sagt. Ein auf den Boden gelegtes gelbes Blatt Papier ersetzt dabei eine Marke, ein rotes einen Ziegel.

b) Karol soll bis zur Wand laufen. Vor jedem Schritt prüft er, ob er *nicht* vor einer Wand steht, und sagt laut den festgestellten Wahrheitswert.

5 Erstelle jeweils ein Struktogramm.

a) Roboter E wartet darauf, dass der Abstellplatz frei wird, damit er dort eine Kiste ablegen kann.

b) Roboter V wartet darauf, dass auf dem Abstellplatz eine Kiste steht, die er wegnehmen kann.

9.6* Wiederholung mit Bedingung

Anne und Fabian sind begeisterte Triathleten. Mit ihrer Pulsuhr haben sie ihre individuelle maximale Herzfrequenz ermittelt. Nun möchte der Trainer, dass jeder mit mehreren 100-m-Läufen an seine Belastungsgrenze geht. Hat einer von beiden seine maximale Herzfrequenz erreicht, so soll er aufhören und sich auslaufen, ansonsten wieder 100 m laufen.

- Wie würdest du die Anweisungen des Trainers als Programm formulieren?
- Begründe, ob er die Wiederholung mit fester Anzahl verwenden kann.

Abbildung 1

Abbildung 2

Abbildung 3

Bedingung

Die Antwort auf die Frage, ob das Objekt **Avery** das Objekt **Beachball** berührt, ist in den Abbildungen 1 und 2 nein, in der Abbildung 3 ja. In der Informatik formuliert man in solchen Situationen eine Aussage, z. B. *„Avery berührt den Beachball"*, und man erhält einen Wahrheitswert – **wahr** oder **falsch** – zurück. Eine solche Aussage bezeichnet man als **Bedingung**. In unserer grafischen Programmierumgebung werden keine Aussagen sondern Fragen verwendet.

Die Bedingung 

liefert den Wert wahr, wenn **Avery** das Objekt **Beachball** berührt, sonst liefert sie den Wert falsch.

Die Kontrollstruktur Wiederholung mit Bedingung

Avery soll jedes Mal aus einer anderen Entfernung zum **Beachball** loslaufen können. Zudem ist möglicherweise zu dem Zeitpunkt, an dem das Programm geschrieben wird, noch nicht bekannt, welche Entfernung **Avery** später vom **Beachball** hat, wenn das Programm ausgeführt wird. Daher kann die Anzahl der Schritte bis zum **Beachball** nicht angegeben werden, eine Wiederholung mit fester Anzahl ist also in diesem Fall nicht geeignet.

Mit der Bedingung 

kann **Avery** nach jedem Schritt prüfen, ob sie den **Beachball** erreicht hat. Falls nicht, geht sie einen 10er-Schritt nach rechts und wechselt das Kostüm. Falls sie den **Beachball** jedoch berührt, liefert die Bedingung den Wahrheitswert wahr und die **Wiederholung mit Bedingung** endet.

Struktogramm

Das folgende Struktogramm ist der Programmentwurf für den obenstehenden Programmabschnitt, der die Wiederholung mit Bedingung verwendet:

wiederhole bis Avery den Beachball berührt	
	gehe einen 10er-Schritt vorwärts
	wechsle das Kostüm
wechsle zu Kostüm d	

Merke

Bedingungen sind Aussagen, die einen Wahrheitswert – wahr oder falsch – zurückliefern. Mit der **Wiederholung mit Bedingung** wird eine Sequenz solange wiederholt, bis ein Ereignis eintritt und somit die Bedingung den Wahrheitswert wahr liefert. Damit muss die Anzahl der Wiederholungen zu Beginn nicht bekannt sein.

Struktogramm für die Kontrollstruktur **Wiederholung mit Bedingung**:

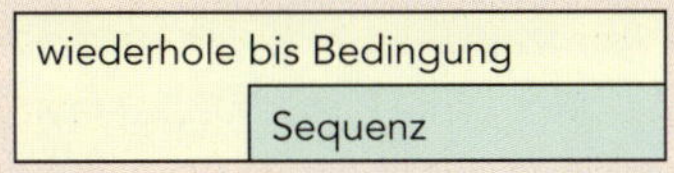

Aufgaben

Hinweis: Im Tab Kostüme kannst du durch einen Klick auf ▶◀ deine Objekte horizontal spiegeln.

1 Wähle ein passendes Bühnenbild und zwei beliebige Objekte.

a) Das eine Objekt soll sich auf das andere zubewegen, bis sich beide berühren. Erstelle eine passende Methode und stelle dabei sicher, dass diese bei jeder Entfernung zwischen beiden Objekten funktioniert.

b) Wähle andere Objekte und Bühnenbilder und passe deine Methoden und Programme jeweils an.

2 Ein Objekt, z. B. das Objekt `Regentropfen` rechts, fällt senkrecht herunter, bis es ein anderes Objekt, z. B. das Objekt `Smiley`, berührt. Dann versteckt es sich. Der Abstand der beiden Objekte zu Beginn soll dabei keine Rolle spielen.

a) Erstelle ein Struktogramm.

b) Setze dein Struktogramm in der grafischen Programmierumgebung um. Wähle dafür zwei Objekte aus.

c) Begründe, ob hier auch eine Wiederholung mit fester Anzahl möglich wäre.

3 Ein Ball-Objekt soll sich geradeaus bewegen und am Rand der Bühne anhalten.

a) Das Programm soll – egal wie weit das Ball-Objekt zu Beginn vom Rand entfernt ist – funktionieren.

b) Zeichne für das in a) erstellte Programm ein Struktogramm.

4 Ein Objekt deiner Wahl soll sich um 15 Grad drehen und vor der nächsten Drehung kurz warten.

a) Erstelle das Programm so, dass dieser Vorgang nur durch das Drücken einer beliebigen Taste gestoppt werden kann.

b) Begründe, ob hier auch eine Wiederholung mit fester Anzahl möglich wäre.

Dauert dir eine Sekunde Wartezeit zu lang, so gib eine kleinere ein.

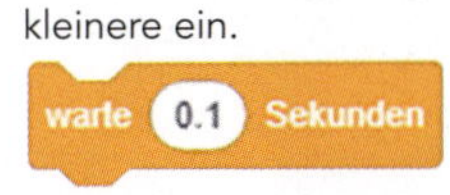

Achtung: Punkt statt Komma!

5 Ein Stift-Objekt soll bei gedrückter Maustaste dem Mauszeiger folgen und die Malspuren sichtbar machen. Wird die Maustaste losgelassen, endet der Vorgang. Schreibe ein entsprechendes Programm. Füge zu Beginn ein Warten ein, damit du nach dem Starten des Programms genügend Zeit hast, zu reagieren und die Maustaste zu drücken.

Mit dem nicht-Block (nicht) kannst du Bedingungen verneinen: aus dem Wahrheitswert wahr wird falsch und umgekehrt.

6 Zeichne ein Struktogramm, wie der Trainer im Einführungsbeispiel links seine Anweisung formulieren müsste.

9.7 Bedingte Anweisung

Im Sportunterricht steht heute Fußball auf dem Programm. Zum Aufteilen in zwei Mannschaften zählt der Sportlehrer die Schüler der Reihe nach ab (1, 2, 1, 2, ..). Alle Schüler der Mannschaft 1 sollen die blauen Trikots anziehen, alle anderen die roten.

- Welche Anweisung muss der Sportlehrer einem einzelnen Schüler geben?
- Kann der Sportlehrer für seine Anweisung eine der bereits bekannten Kontrollstrukturen verwenden?

Die Kontrollstruktur Bedingte Anweisung

Läuft Karol durch seine Welt, so kann er z. B. ein Feld mit einem Quader nicht betreten. Damit es nicht zu einem Programmabbruch kommt, soll er in diesem Fall nicht einen Schritt vorwärts machen, sondern eine Rechtsdrehung durchführen.
Für die Überprüfung ist eine Bedingung (➥ 9.6) nötig. Es ist günstig die Problembeschreibung zunächst in einen Wenn-dann-sonst-Satz umzuformulieren, dieser kann leicht in den Programmtext umgesetzt werden.

`IstWand()` liefert auch dann wahr, wenn Karol vor einem Quader steht.

Beschreibung:	Als Wenn-dann-sonst-Satz:	In Karols Sprache:

Steht Karol direkt vor einer Wand oder einem Quader, kann er keinen Schritt vorwärts machen. In dem Fall soll er sich nach rechts drehen.	Wenn eine Wand vor dir ist, dann drehe dich nach rechts, sonst gehe einen Schritt vorwärts.	`wenn IstWand() dann`
		`  RechtsDrehen()`
		`sonst`
		`  Schritt()`
		`*wenn`

Damit sind folgende Programmabläufe möglich:

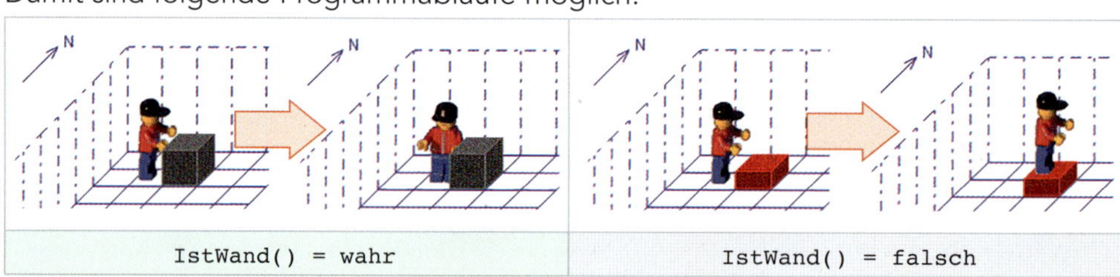

Mit dieser **bedingten Anweisung** kann Karol, je nachdem ob die Bedingung wahr oder falsch geliefert hat, verschiedene Sequenzen ausführen.
Soll Karol in einem der beiden Fälle nichts machen, nennt man die bedingte Anweisung **einseitig**, andernfalls **zweiseitig**.

Struktogramme

Die folgenden Struktogramme zeigen die beiden Varianten der bedingten Anweisung:

zweiseitig bedingte Anweisung:

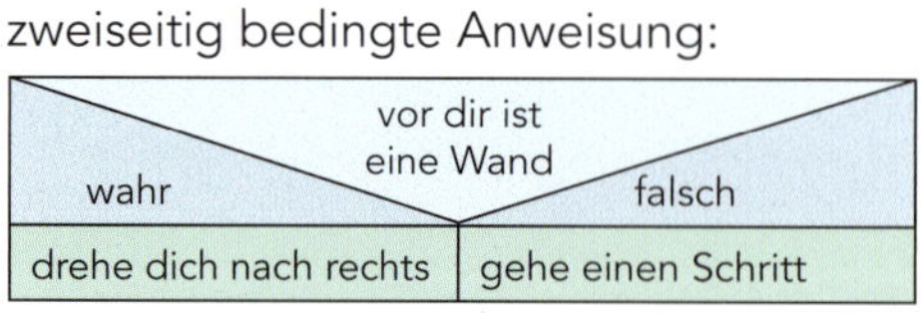

einseitig bedingte Anweisung:

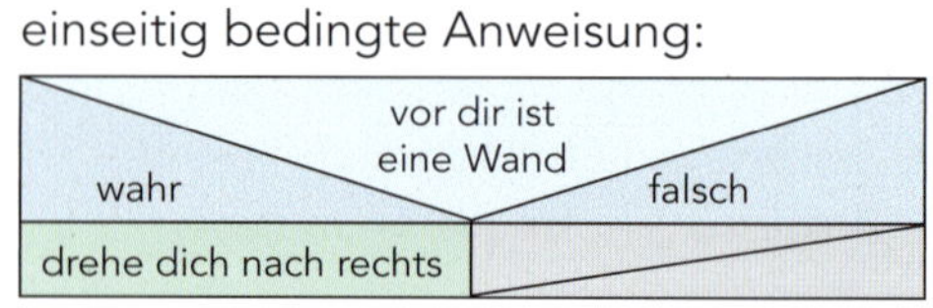

Merke

Mit der **bedingten Anweisung** können abhängig von einer Bedingung unterschiedliche Sequenzen ausgeführt werden.
Struktogramm für die Kontrollstruktur **bedingte Anweisung**:

zweiseitig bedingte Anweisung:

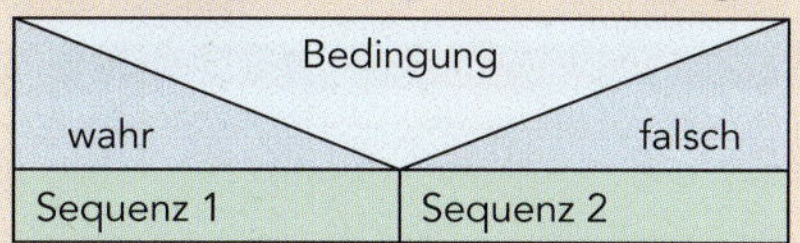

einseitig bedingte Anweisung:

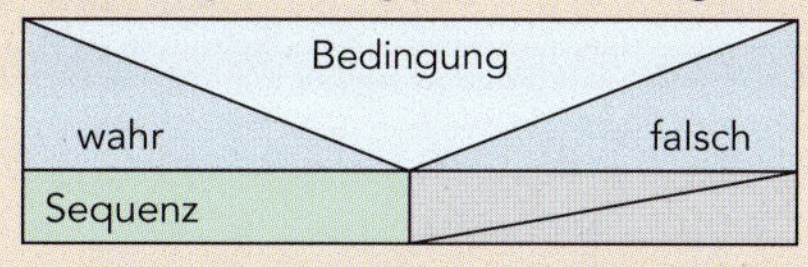

Aufgaben

1 Erstelle Karols Welt wie im Beispiel auf der linken Seite einmal mit einem Quader und einmal mit einem Ziegel.

a) Teste das zugehörige Programmstück, indem du eine Methode schreibst.
b) Baue für Karol eine Hindernisstrecke auf, z. B. wie die rechts. Lasse die Methode vom Hauptprogramm aus mehrmals aufrufen. Gestalte die Welt so, dass er wieder an seinen Ausgangspunkt zurückkehrt.
c) Schreibe eine neue Methode, in der Karol einen Schritt vorwärts geht oder, falls er vor einem Ziegel steht, um diesen herumläuft. Teste das korrekte Verhalten in einer geeigneten Welt.

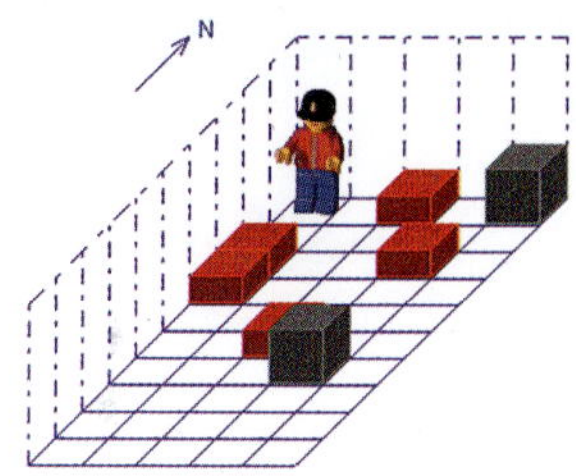

2 Erstelle eine Welt ähnlich der rechts und speichere sie. Karol befindet sich zu Beginn jeweils genau in der Mitte der Welt und hat in jede Himmelsrichtung fünf Schritte bis zur Wand.

a) Karol soll bis zur Wand gehen und dabei alle Ziegel aufheben.
b) Erweitere dein Programm so, dass Karol auch die Ziegel unmittelbar neben seinem Weg aufhebt.
c) Schreibe das Programm aus b) in eine Methode, sowie eine weitere, die Karol wieder zur Mitte zurückbringt. Karol soll dann nacheinander in allen vier Blickrichtungen aufräumen.

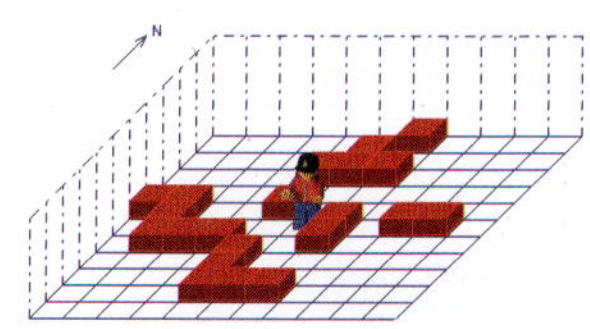

3 Ergänze folgende Sätze sinnvoll und zeichne jeweils ein Struktogramm.

a) Wenn …, muss ich aufstehen.
b) Wenn …, gehe ich ins Bett, ansonsten bleibe ich auf.
c) Wenn …, gehe ich zum Friseur.
d) Wenn das Smartphone klingelt, …
e) Wenn Ferien sind, …, ansonsten …
f) Wenn ich Durst habe, …

4 Beschreibe jeweils formal einen Algorithmus. Verwende dabei kurze Anweisungen, z. B. gehe (gemeint ist: bis zur gegenüber liegenden Straßenseite), fahre (gemeint ist: bis zur nächsten Kreuzung oder Abzweigung).

a) Ein Fußgänger möchte an einer Fußgängerampel die Straße überqueren.
b) Auf Aarons Schulweg ist eine Baustelle, an der es oft zu Staus kommt. Sieht Aaron den Stau rechtzeitig, so kann er Stau und Baustelle umfahren.

9.7* Bedingte Anweisung

Im Sportunterricht steht heute Fußball auf dem Programm. Zum Aufteilen in zwei Mannschaften zählt der Sportlehrer die Schüler der Reihe nach ab (1, 2, 1, 2, ..). Alle Schüler der Mannschaft 1 sollen die blauen Trikots anziehen, alle anderen die roten.

- Welche Anweisung muss der Sportlehrer einem einzelnen Schüler geben?
- Kann der Sportlehrer für seine Anweisung eine der bereits bekannten Kontrollstrukturen verwenden?

Die Kontrollstruktur Bedingte Anweisung

Abbildung 1

In Abbildung 1 will das Objekt `Katze` das Objekt `Maus` fangen. Das Maus-Objekt rührt sich nicht vor Angst. Das nebenstehende Programmstück bewirkt, dass das Objekt `Katze` etwas mehr als viermal im Kreis läuft und jedes Mal am Maus-Objekt vorbeikommt.

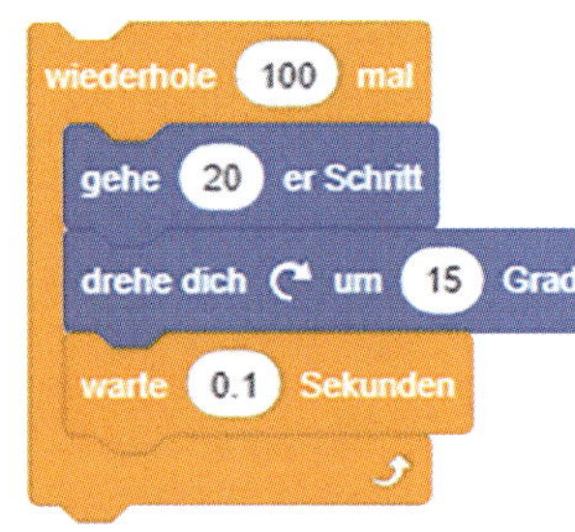

Jetzt soll das Objekt `Katze` zusätzlich bei jeder Wiederholung überprüfen, ob es das Objekt `Maus` berührt. Dafür ist eine Bedingung nötig:

Abbildung 2

Wenn das Objekt `Katze` das Objekt `Maus` berührt und somit die Bedingung den Wert wahr liefert, soll es „Miam!" sagen. Liefert die Bedingung den Wert falsch, so soll die Katze „Ich fange dich!" sagen (siehe Abbildungen 2 und 3).

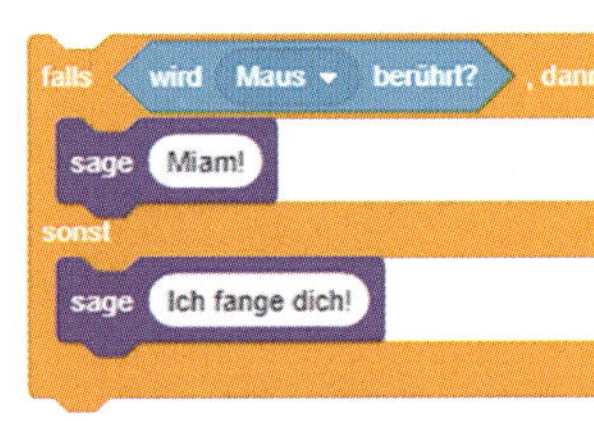

Um dies zu realisieren, wird eine **zweiseitig bedingte Anweisung** benötigt, die abhängig von einer Bedingung zwei unterschiedliche Sequenzen ausführt.

Abbildung 3

Möchte sich das Objekt `Katze` leise an das Objekt `Maus` heranschleichen und nur, wenn es das Maus-Objekt berührt, „Miam!" sagen, so verwendet man eine **einseitig bedingte Anweisung**.

Struktogramm

Die folgenden Struktogramme zeigen die beiden Varianten der bedingten Anweisung:

zweiseitig bedingte Anweisung:

das Objekt Maus wird berührt	
wahr	falsch
sage „Miam!"	gehe einen 20er-Schritt vorwärts

einseitig bedingte Anweisung:

das Objekt Maus wird berührt	
wahr	falsch
sage „Miam!"	

Merke

Mit der **bedingten Anweisung** können abhängig von einer Bedingung unterschiedliche Sequenzen ausgeführt werden.
Struktogramm für die Kontrollstruktur **bedingte Anweisung**:

zweiseitig bedingte Anweisung:

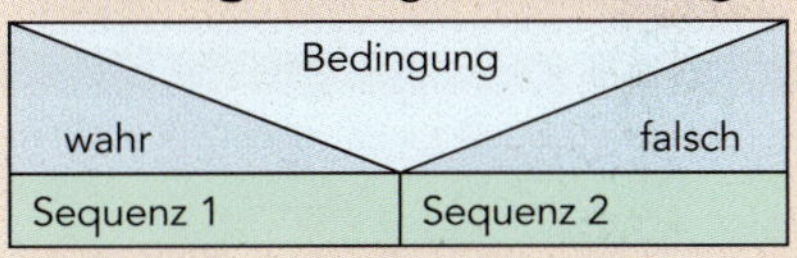

einseitig bedingte Anweisung:

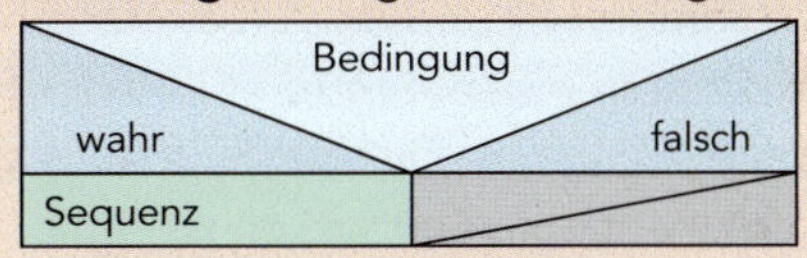

Aufgaben

1 Wähle zwei beliebige Objekte aus, die die Rollen der Katze und der Maus auf der linken Seite übernehmen.

a) Schreibe das Programm einmal mithilfe der einseitig und einmal mithilfe der zweiseitig bedingten Anweisung.
b) Zeichne für beide Varianten von a) jeweils ein Struktogramm.

2 Vier gleichfarbige Markierungen bilden die Ecken eines Rechtecks. Ein Objekt soll das Rechteck ablaufen und an den Ecken drehen. Schreibe mithilfe der fortlaufenden Wiederholung ein geeignetes Programm.

3 Das Objekt `Pfeil` fliegt, bis es das Objekt `Apfel` berührt. Das soll unabhängig vom ursprünglichen Abstand der beiden Objekte immer funktionieren.

a) Erstelle ein Struktogramm und schreibe ein Programm mithilfe einer bedingten Anweisung.
b) Tina behauptet: *„Ich kann das Problem sowohl mit der zweiseitig als auch mit der einseitig bedingten Anweisung lösen."* Hat Tina Recht? Begründe.

4 Ergänze folgende Sätze sinnvoll und zeichne jeweils ein Struktogramm.

a) Wenn …, muss ich aufstehen.
b) Wenn … bin, gehe ich ins Bett, ansonsten bleibe ich auf.
c) Wenn …, gehe ich zum Friseur.
d) Wenn das Smartphone klingelt, …
e) Wenn Ferien sind, …, ansonsten …
f) Wenn ich Durst habe, …

5 Zeichne das Struktogramm für die Anweisungen des Lehrers (s. linke Seite).

6 Beschreibe jeweils einen Algorithmus. Verwende dabei kurze Anweisungen, z. B. gehe (gemeint ist: bis zur gegenüberliegenden Straßenseite), fahre (gemeint ist: bis zur nächsten Kreuzung oder Abzweigung).

a) Ein Fußgänger möchte an einer Fußgängerampel die Straße überqueren.
b) Auf Aarons Schulweg ist eine Baustelle, an der es gelegentlich zu Staus kommt. Sieht Aaron ihn rechtzeitig, so kann er Stau und Baustelle umfahren.

9.8 Sequenz von Kontrollstrukturen

Freitags hilft Elena im Haushalt. Zunächst saugt sie der Reihe nach ihr Zimmer, das Wohnzimmer und den Flur. Wenn ihr Bruder Niklas sein Zimmer nicht saugen möchte, gibt er ihr lieber 5 €. Dann übernimmt Elena gerne, um ihr Taschengeld aufzubessern. In der Küche wischt sie, bis keine Flecken zu sehen sind. Weist der Flur dreckige Stellen auf, dann wischt sie auch dort.

- Welche Kontrollstrukturen kannst du im Text entdecken?
- Versuche, Elenas Mithilfe als Programm zu formulieren.

Sequenz von Kontrollstrukturen

Karol bekommt folgende Aufgabe:

- Laufe vorwärts, bis du einen Stapel mit den vier Ziegeln findest. Räume die vier Ziegel ab.
- Laufe dann weiter bis zur Wand. Sollte dort eine Marke liegen, so hebe sie auf.
- Drehe dich danach um.

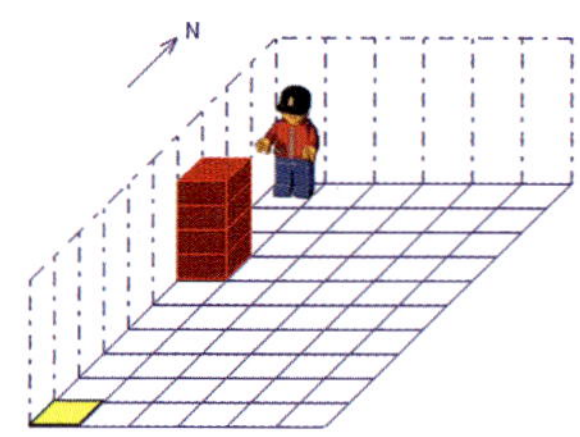

Dieser Vorgang enthält mehrere Teilprobleme, die unabhängig voneinander lösbar sind. Die Lösung aller Teilprobleme nacheinander ausgeführt löst das ganze Problem.

1. 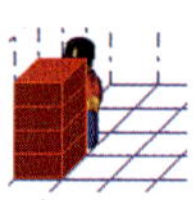
2. 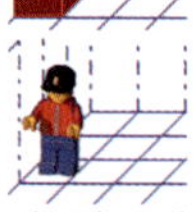
3. 
4. 
5. 

1. Laufe bis zum Stapel
Solange kein Ziegel vor dir liegt, gehe einen Schritt vorwärts.
	`wiederhole solange nicht IstZiegel()`
	`  Schritt()`
	`*wiederhole`

2. Räume den Stapel ab
Entferne die vier Ziegel vom Stapel.
	`wiederhole 4 Mal`
	`  Aufheben()`
	`*wiederhole`

3. Laufe bis zur Wand
Solange keine Wand vor dir ist, gehe einen Schritt vorwärts.
	`wiederhole solange nicht IstWand()`
	`  Schritt()`
	`*wiederhole`

4. Eventuell Marke löschen
Wenn dort eine Marke liegt,
dann lösche sie.
	`wenn IstMarke() dann`
	`  MarkeLöschen()`
	`*wenn`

5. Umdrehen Drehe dich zweimal nach links oder rechts.	`LinksDrehen()` `LinksDrehen()`

Das komplette Programm enthält zwei Wiederholungen mit Bedingung (Schritt 1 und 3), eine Wiederholung mit fester Anzahl (Schritt 2), eine bedingte Anweisung (Schritt 4) und eine Sequenz (Schritt 5). Diese werden nacheinander ausgeführt. Man spricht daher von einer **Sequenz von Kontrollstrukturen**.

Rechts ist der Programmentwurf als Struktogramm dargestellt.

wiederhole solange kein Ziegel vor dir ist	
	gehe einen Schritt
wiederhole 4 Mal	
	hebe einen Ziegel auf
wiederhole solange keine Wand vor dir ist	
	gehe einen Schritt
du stehst auf einer Marke wahr	falsch
entferne die Marke	
drehe dich nach links	
drehe dich nach links	

Merke

Bei der Kontrollstruktur Sequenz werden Methodenaufrufe nacheinander ausgeführt. Es können jedoch auch mehrere Kontrollstrukturen nacheinander ausgeführt werden. Man spricht dann von einer **Sequenz von Kontrollstrukturen**. Erst wenn eine Kontrollstruktur abgearbeitet wurde, wird die nächste Kontrollstruktur ausgeführt.

Aufgaben

1 Tippe das Programm auf der linken Seite ab.

a) Teste, ob das Programm in verschiedenen Welten korrekt arbeitet.
b) Schreibe für jede Teilaufgabe eine passende Methode, so dass im Hauptprogramm nur noch diese neuen Methoden aufgerufen werden.
c) Ändere das Programm so ab, dass Karol Stapel verschiedener Höhe abräumt.

2 Karol soll in einer 12x9 Felder großen Welt eine Spirale aus Ziegeln bauen. Die erste Seite enthält 10 Ziegel, die zweite 9 usw. Gehe dabei schrittweise wie in den Teilaufgaben beschrieben vor.

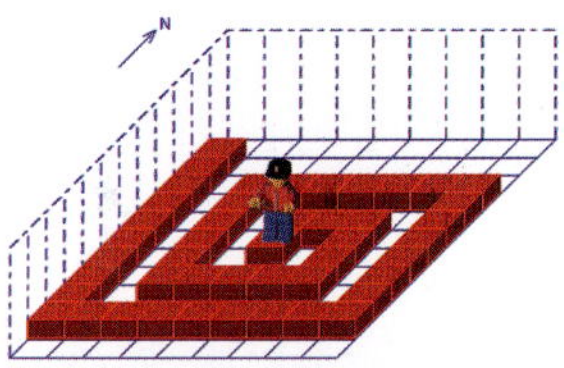

a) Schreibe eine Methode `legeZiegel()`. Karol soll einen Ziegel vor sich hinlegen und dann daraufsteigen.
b) Schreibe Methoden wie `lege10Ziegel()`, mit der Karol unter Verwendung von `legeZiegel()` eine Reihe von 10 Ziegeln legt.
c) Scheibe weitere ähnliche Methoden und setze sie passend aneinander, so dass bei der Abarbeitung die Spirale entsteht. Versuche das Programm mithilfe der Kontrollstruktur Wiederholung kurz und übersichtlich zu gestalten.

3 Analysiere das rechts abgebildete Programm.

a) Zeichne den Programmentwurf in *einem* Struktogramm.
b) Beschreibe, was Karol bei der Ausführung dieses Programms tut.
c) Ermittle die nötige Mindestgröße der Welt. Erstelle eine Welt dieser Größe und teste das Programm.

```
Methode starte()
  wiederhole 10 Mal
    Schritt()
  *wiederhole
*Methode

Methode dreheDichUm()
  RechtsDrehen()
  RechtsDrehen()
*Methode

Methode zurück()
  dreheDichUm()
  starte()
  dreheDichUm()
*Methode

Programm
  Ton()
  starte()
  zurück()
*Programm
```

4 Zeichne das Struktogramm, wie Elenas Mithilfe im Haushalt aus dem Einführungsbeispiel links abläuft.

5 Benedikt kocht einen Grießpudding nach folgendem Rezept:

<u>Zutaten</u>:

1 Liter	Milch	**120 g**	Zucker	**200 g**	Schlagsahne		
100 g	Grieß	**2**	Eier	**2 EL**	Puddingpulver Vanille	**150 ml**	Mineralwasser

<u>Zubereitung</u>:
Die 2 Eier trennen. Die Eiweiße steif schlagen und in den Kühlschrank stellen.
Die Eigelbe in eine größere Schüssel geben. Schlagsahne, Wasser, Zucker und Puddingpulver dazugeben und alles schaumig rühren.
Die Milch zum Kochen bringen, die Masse dazurühren, dann den Grieß einrieseln lassen und ständig rühren, bis es aufkocht.
Den Topf vom Herd nehmen und den Eischnee zügig unterheben.

a) Erstelle das Struktogramm bis zum Kühlstellen der Eiweiße.
b) Einige Angaben im Rezept sind ungenau oder nicht jedem bekannt, so dass ein Ungeübter sie nicht ausführen könnte. Begründe, welche das sind.

9.8* Sequenz von Kontrollstrukturen

Freitags hilft Elena im Haushalt. Zunächst saugt sie der Reihe nach ihr Zimmer, das Wohnzimmer und den Flur. Wenn ihr Bruder Niklas sein Zimmer nicht saugen möchte, gibt er ihr lieber 5 €. Dann übernimmt Elena gerne, um ihr Taschengeld aufzubessern. In der Küche wischt sie, bis keine Flecken zu sehen sind. Weist der Flur dreckige Stellen auf, dann wischt sie auch dort.

- Welche Kontrollstrukturen kannst du im Text entdecken?
- Versuche, Elenas Mithilfe als Programm zu formulieren.

Sequenz von Kontrollstrukturen

Das Mädchen-Objekt `Hannah` soll von der weißen Startlinie aus zum Hütchen und wieder zurücklaufen. Dieser Vorgang enthält mehrere Teilprobleme, die jeweils unabhängig von den anderen gelöst werden können. Die Lösung aller Teilprobleme nacheinander ausgeführt löst das ganze Problem.

1. 

2. 

3. 

4. 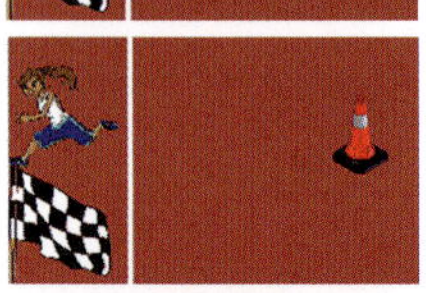

5. 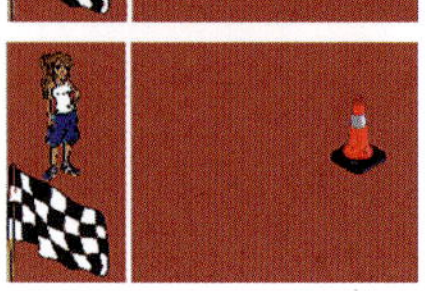

1. Start `Hannah` steht an der Startlinie und schaut nach rechts.	wechsle zu Kostüm hannah-a
2. Laufe zum Hütchen `Hannah` bewegt sich solange einen Schritt nach rechts, bis sie das Objekt `Hütchen` berührt hat. Dann ist die bedingte Wiederholung abgearbeitet.	wiederhole bis wird Hütchen berührt? gehe 10 er Schritt
3. Umkehren Nun kann `Hannah` umkehren, indem sie ihr Kostüm wechselt. Im vorher erstellten, neuen Kostüm ist sie nach links gerichtet.	wechsle zu Kostüm hannah-a2
4. Laufe zur Zielflagge Jetzt läuft `Hannah` solange einen Schritt nach links, bis das Objekt `Zielflagge` berührt wird. Würde die Wiederholung schon beendet werden, wenn `Hannah` die Farbe weiß, also die Ziellinie, berührt, dann hätte sie die Ziellinie noch nicht überschritten.	wiederhole bis wird Zielflagge berührt? gehe -10 er Schritt
5. Ende `Hannah` wechselt das Kostüm, sodass sie stehend dargestellt wird.	wechsle zu Kostüm hannah-b

Das komplette Programm enthält die drei Sequenzen (Schritt 1, 3 und 5), die jeweils aus einem Methodenaufruf bestehen, und die zwei bedingten Wiederholungen (Schritt 2 und 4). Diese werden nacheinander ausgeführt. Man spricht daher von einer **Sequenz von Kontrollstrukturen**. Rechts ist der Programmentwurf als Struktogramm dargestellt.

wechsle zu Kostüm „Hannah schaut nach rechts“	
wiederhole bis das Hütchen berührt wird	
	gehe einen 10er-Schritt vorwärts
wechsle zu Kostüm „Hannah schaut nach rechts“	
wiederhole bis die Zielflagge berührt wird	
	gehe einen 10er-Schritt vorwärts
wechsle zu Kostüm „Hannah steht“	

Merke

Bei der Kontrollstruktur Sequenz werden Methodenaufrufe nacheinander ausgeführt. Es können jedoch auch mehrere Kontrollstrukturen nacheinander ausgeführt werden. Man spricht dann von einer **Sequenz von Kontrollstrukturen**. Erst wenn eine Kontrollstruktur abgearbeitet wurde, wird die nächste Kontrollstruktur ausgeführt.

Aufgaben

1 Wähle ein geeignetes Bühnenbild und drei Objekte deiner Wahl, die die Aufgabe der Zielflagge, des Hütchens und des Läufers erfüllen sollen.
a) Lasse dein Läufer-Objekt das Programm auf der linken Seite ausführen.
b) Erweitere dein Skript so, dass das Läufer-Objekt mehrmals hin und her läuft.

2 a) Lasse ein Objekt deiner Wahl die Kreise (→ 9.5* Aufgabe 2c) der Olympischen Ringe zeichnen (siehe Abbildung rechts).
b) Zeichne das zugehörige Struktogramm.
c) Suche im Internet ein Bild der Olympischen Ringe und beschreibe die Unteschiede zu der vom Programm erstellten Zeichnung.

3 Lasse ein Objekt deiner Wahl eine Strichzeichnung anfertigen. Verwende dabei die Malfunktion. Hier sind deiner Fantasie keine Grenzen gesetzt. Ein Beispiel für eine Strichzeichnung siehst du in der Abbildung.
Tipp: Du kannst dein Objekt mit den Befehlen [ändere x um 10] und [ändere y um 10] unter Angabe der Pixelanzahl nach oben und unten bewegen. Davor solltest du jedes Mal den Stift ausschalten und ihn danach wieder einschalten.

4 Erweitere dein Programm aus → 9.4* Aufgabe 5.
Verbessere und erweitere deinen Animationsfilm, indem du die bereits gelernten Kontrollstrukturen verwendest.

5 Zeichne das Struktogramm, wie Elenas Mithilfe im Haushalt aus dem Einführungsbeispiel links abläuft.

6 Benedikt kocht einen Grießpudding nach folgendem Rezept:

<u>Zutaten</u>:

1 Liter	Milch	**120 g**	Zucker	**200 g**	Schlagsahne		
100 g	Grieß	**2**	Eier	**2 EL**	Puddingpulver Vanille	**150 ml**	Mineralwasser

<u>Zubereitung</u>:
Die 2 Eier trennen. Die Eiweiße steif schlagen und in den Kühlschrank stellen.
Die Eigelbe in eine größere Schüssel geben. Schlagsahne, Wasser, Zucker und Puddingpulver dazugeben und alles schaumig rühren.
Die Milch zum Kochen bringen, die Masse dazurühren, dann den Grieß einrieseln lassen und ständig rühren, bis es aufkocht.
Den Topf vom Herd nehmen und den Eischnee zügig unterheben.

a) Erstelle das Struktogramm bis zum Kühlstellen der Eiweiße.
b) Einige Angaben im Rezept sind ungenau oder nicht jedem bekannt, so dass ein Ungeübter sie nicht ausführen könnte. Begründe, welche das sind.

9.9 Verschachtelung von Kontrollstrukturen

Dein Informatiklehrer nimmt sich bei der Korrektur der Stegreifaufgabe aus der letzten Stunde die Schülerarbeiten nacheinander vor. In jeder Arbeit prüft er die Aufgaben der Reihe nach. Ist die Lösung richtig, macht er einen Haken hin, sonst streicht er die Fehler an.

- Welche Kontrollstrukturen kannst du in dieser Beschreibung erkennen?
- Wie würdest du die Korrektur der Stegreifaufgabe als Programm formulieren?

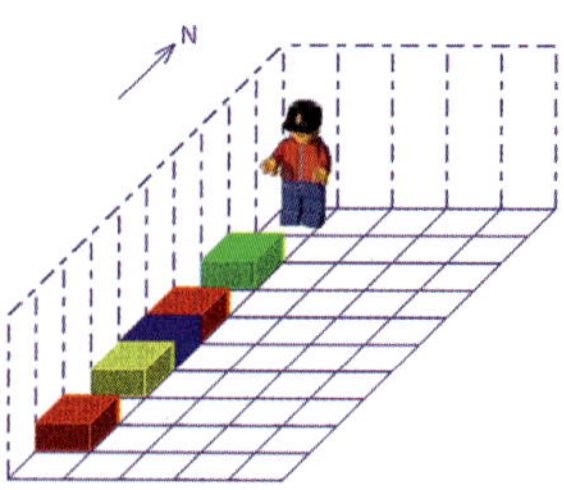

Texte, die zwischen { und } stehen (sie und die Klammern werden dann kursiv gesetzt), werden von Karol nicht gelesen. Das nennt man einen Kommentar. Damit können Erklärungen zur Dokumentation mit in den Text geschrieben werden.

Im jeweils nächsten Schritt werden der rote und der blaue Kommentar durch entsprechende Programmstücke ersetzt.

Verschachtelung von Kontrollstrukturen

Karol bekommt die Aufgabe bis zur Wand zu laufen. Liegt auf einem Feld ein Ziegel, so soll er ihn durch eine Marke ersetzen.
Dieser Vorgang enthält mehrere Teilprobleme, die andere Teilprobleme enthalten.

1. Laufe bis zur Wand
Solange keine Wand vor dir ist, gehe einen Schritt vorwärts.
	`wiederhole solange nicht IstWand()`
	  `{ ersetze den Ziegel oder gehe einen Schritt }`
	`*wiederhole`

2. Ersetze Ziegel oder gehe Schritt
Wenn auf dem Feld vor dir ein Ziegel liegt, dann ersetze ihn, sonst gehe einen Schritt vorwärts.
	`wiederhole solange nicht IstWand()`
	  `wenn IstZiegel() dann`
	    `{ ersetze den Ziegel }`
	  `sonst`
	    `Schritt()`
	  `*wenn`
	`*wiederhole`

3. Ersetze den Ziegel
Hebe den Ziegel auf, gehe einen Schritt vorwärts, setze eine Marke.
	`wiederhole solange nicht IstWand()`
	  `wenn IstZiegel() dann`
	    `Aufheben()`
	    `Schritt()`
	    `MarkeSetzen()`
	  `sonst`
	    `Schritt()`
	  `*wenn`
	`*wiederhole`

Durch die Einrückungen ist gut zu erkennen, dass die Kontrollstruktur Sequenz (blau) innerhalb einer bedingten Anweisung (rot) liegt, diese wiederum innerhalb einer Wiederholung mit Bedingung (schwarz). Damit liegen Kontrollstrukturen innerhalb anderer Kontrollstrukturen, was als **Verschachtelung von Kontrollstrukturen** bezeichnet wird. Diese Verschachtelung kann auch mehrfach erfolgen.

Struktogramm

In diesem Struktogramm ist die Verschachtelung deutlich sichtbar und damit der Programmablauf gut nachvollziehbar.

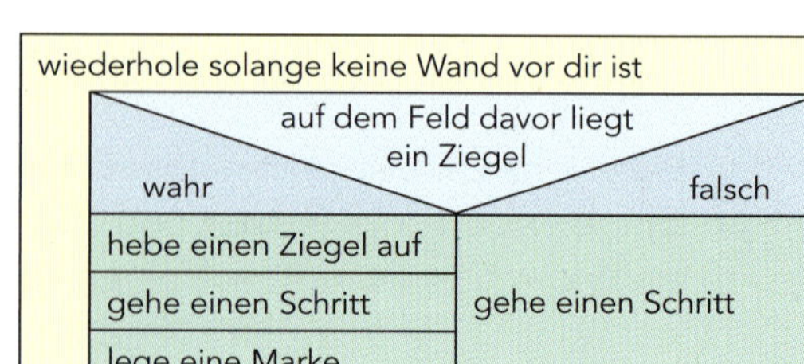

Merke

Enthält eine Kontrollstruktur eine oder mehrere Kontrollstrukturen, so spricht man von einer **Verschachtelung von Kontrollstrukturen**. Diese Verschachtelung kann auch mehrmals erfolgen.

Aufgaben

Vergiss nicht, bei allen Aufgaben entsprechende Testprogramme zu schreiben und diese an mehreren Versionen geeigneter Welten zu testen.

1 a) Erstelle die Methode `ersetzeZiegel()`, die das Programmstück auf der linken Seite enthält. Teste sie in unterschiedlichen Welten.
b) Erweitere die Methode so, dass Karol auch Stapel von Ziegeln wegräumen und durch eine Marke ersetzen kann.
c) Erstelle die Methode `ersetzeGrüneZiegel()`. Karol soll einzelne grüne Ziegel durch grüne Marken ersetzen, andersfarbige aber unberührt lassen.
d) Schreibe eine weitere Methode `ersetzeMarken()`, bei der Karol verschiedenfarbige Marken durch Ziegel in derselben Farbe ersetzt.

2 a) Schreibe eine Methode, bei der Karol auf zehn aufeinanderfolgende Felder jeweils einen Ziegel legt. Erreicht er dabei eine Wand, so dreht er sich nach links und macht weiter.
b) Karol soll bei beliebiger Startposition und beliebiger Blickrichtung fortlaufend Ziegel legen und an jeder Wand links abbiegen. Aufhören soll er erst dann, wenn vor ihm schon ein Ziegel liegt. Schreibe eine solche Methode.

zu Aufgabe 2b:

3 Baue eine Welt ähnlich der rechts.
a) Schreibe die Methode `laufe()`, so dass Karol auf dem Ziegelweg geradeaus entlangläuft und stoppt, wenn vor ihm kein Ziegel mehr liegt. Dann soll er sich in die Richtung drehen, in die der Ziegelweg weitergeht.
b) Sorge nun dafür, dass Karol den ganzen Ziegelweg durchläuft bis er den grünen Ziegel erreicht hat und dort stehenbleibt.

zu Aufgabe 3:

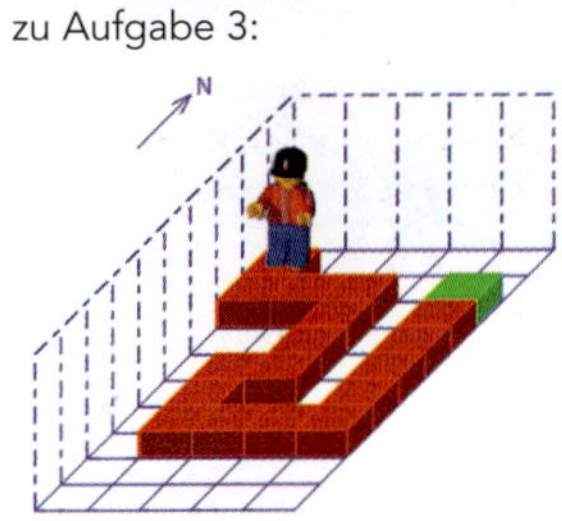

4 Karol steht auf einer gelben Marke und läuft bis er wieder eine gelbe Marke erreicht hat. Auf einem Feld mit einer roten Marke dreht er sich nach rechts, auf einem mit blauer Marke nach links. Danach sollen alle Felder, die er begangen hat, mit einer gelben Marke versehen sein.

5 Das Mädchen-Objekt soll vom Start zum Ziel (blaue Markierung) gelangen. Da es den Weg nicht kennt, wurde er mit zwei unterschiedlichen Farben markiert. So weiß es, wie es an Abzweigungen gehen muss.
a) Zeichne ein Struktogramm, damit das Mädchen-Objekt zum Ziel findet.
b) Ändere den Graphen (→ 7.1) so ab, dass er deinem Schulweg ähnlich ist. Teste, ob der im Struktogramm dargestellte Programmentwurf auch hier den richtigen Weg findet.

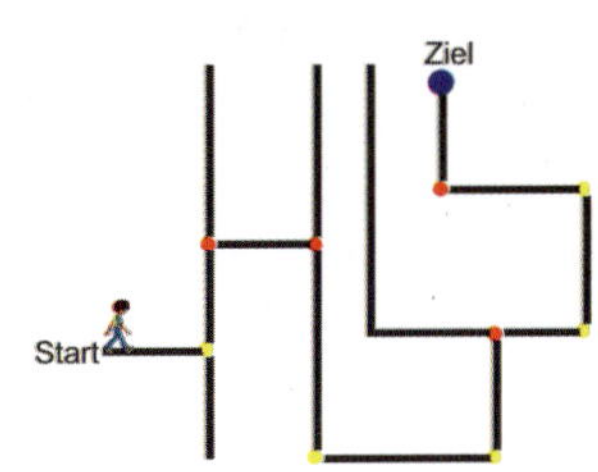

6 Zeichne das Struktogramm für die Korrektur der Stegreifaufgabe (s. linke Seite).

9.9* Verschachtelung von Kontrollstrukturen

Dein Informatiklehrer nimmt sich bei der Korrektur der Stegreifaufgabe aus der letzten Stunde die Schülerarbeiten nacheinander vor. In jeder Arbeit prüft er die Aufgaben der Reihe nach. Ist die Lösung richtig, macht er einen Haken hin, sonst streicht er die Fehler an.

- Welche Kontrollstrukturen kannst du in dieser Beschreibung erkennen?
- Wie würdest du die Korrektur der Stegreifaufgabe als Programm formulieren?

Verschachtelung von Kontrollstrukturen

Abbildung 1

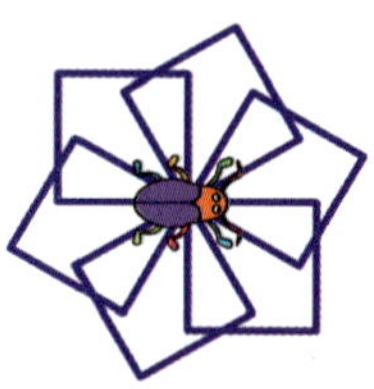
Abbildung 2

Ein Objekt bekommt die Aufgabe ein Quadrat wie in Abbildung 1 zu zeichnen. Das soll sechsmal wiederholt werden, so dass ein Muster wie in Abbildung 2 entsteht. Diese Aufgabe enthält mehrere Teilprobleme, die andere Teilprobleme enthalten.

1. Zeichne sechs Quadrate	**2. Zeichne ein Quadrat**	**3. Drehe dich**
Es müssen sechs Quadrate gezeichnet werden. Damit diese nicht exakt aufeinander liegen und eine Figur wie in Abbildung 2 entsteht, muss nach dem Zeichnen eines Quadrats eine Drehung erfolgen.	Um ein Quadrat zu zeichnen, muss die Sequenz • gehe vorwärts • drehe dich um 90° im Uhrzeigersinn durchgeführt werden. Die Schrittlänge muss an die gewünschte Größe des Quadrats angepasst werden.	Der Drehwinkel richtet sich nach der Anzahl der Quadrate, in diesem Fall: $\frac{360°}{6} = 60°$.

Es ist gut zu erkennen, dass die Kontrollstruktur Sequenz (gehe, drehe) innerhalb der vierfachen Wiederholung liegt.

Diese bildet zusammen mit 

wieder eine Sequenz, die innerhalb der sechsfachen Wiederholung liegt. Damit liegen Kontrollstrukturen innerhalb anderer Kontrollstrukturen, was als **Verschachtelung von Kontrollstrukturen** bezeichnet wird. Diese Verschachtelung kann auch mehrfach erfolgen.

Struktogramm

In diesem Struktogramm ist die Verschachtelung deutlich sichtbar und damit der Programmablauf gut nachvollziehbar.

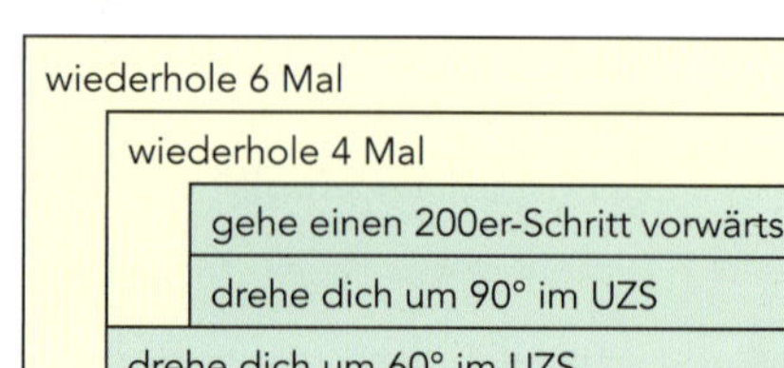

Merke

Enthält eine Kontrollstruktur eine oder mehrere Kontrollstrukturen, so spricht man von einer **Verschachtelung von Kontrollstrukturen**. Diese Verschachtelung kann auch mehrmals erfolgen.

Aufgaben

1 Erweitere deine Methoden aus ➥ 9.5* Aufgabe 1.

a) Lasse ein Objekt deiner Wahl – wie im Programmstück auf der linken Seite – den Rand von sechs Quadraten ablaufen und mache die Spur sichtbar.
b) Verändere die Anzahl der Quadrate und passe jeweils die Drehwinkel nach dem Zeichnen eines Quadrats an.
c) Verändere die Malfarbe nach dem Zeichnen eines Quadrats.

zu Aufgabe 1c:

2 Erweitere deine Methoden aus ➥ 9.5* Aufgabe 2.
Lasse ein Objekt deiner Wahl das Muster aus

a) Dreiecken b) Sechsecken c) Kreisen

(siehe jeweils Abbildung rechts) laufen und mache die Spur sichtbar.

d) Überlege dir auch ein eigenes Muster.
e) Erstelle die Struktogramme zu den Aufgaben 2a) bis 2d).

zu Aufgabe 2a:

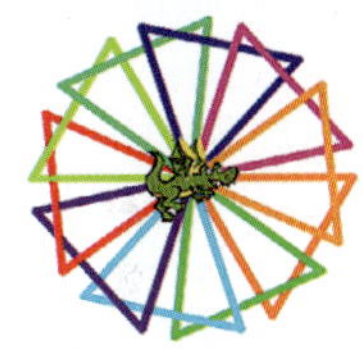

zu Aufgabe 2b:

zu Aufgabe 2c:

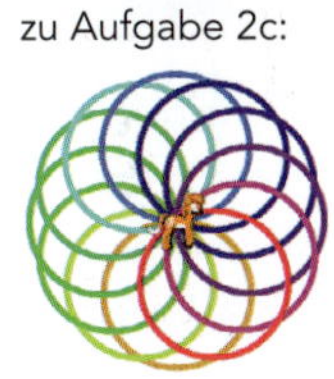

3 Zeichne, um die Fahrt eines Rennautos simulieren zu können, zunächst in der grafischen Programmierumgebung ein Objekt `Rennstrecke`.
Hinweis: Dieses Objekt sollte kein Kreis sein, aber auch nicht zu viele scharfe Kurven enthalten.

a) Zeichne ein Objekt `Auto` ähnlich dem rechts. Um dem Rennstrecken-Objekt zu folgen, benötigt es zwei Sensoren in zwei bisher noch nicht verwendeten Farben. Wir zeichnen sie als runde Punkte vor das Auto-Objekt.

b) Verkleinere bzw. vergrößere dein Auto-Objekt so, dass es auf das Rennstrecken-Objekt passt.

c) Programmiere das Auto-Objekt so, dass es mithilfe der beiden Sensoren immer auf dem Rennstrecken-Objekt fährt, ohne es zu verlassen.
d) Zeichne das Struktogramm zu Aufgabe 3c).

4 Das Mädchen-Objekt soll vom Start zum Ziel (blaue Markierung) gelangen. Da es den Weg nicht kennt, wurde er mit zwei unterschiedlichen Farben markiert. So weiß es, wie es an Abzweigungen gehen muss.

a) Zeichne ein Struktogramm, damit das Mädchen-Objekt zum Ziel findet.
b) Ändere den Graphen (➥ 7.1) so ab, dass er deinem Schulweg ähnlich ist. Teste, ob der im Struktogramm dargestellte Programmentwurf auch hier den richtigen Weg findet.

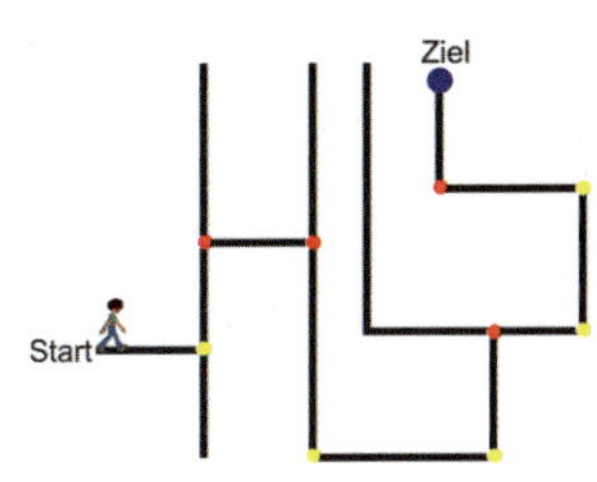

5 Zeichne das Struktogramm für die Korrektur der Stegreifaufgabe (s. linke Seite).

9.10 Komplexe Algorithmen entwickeln

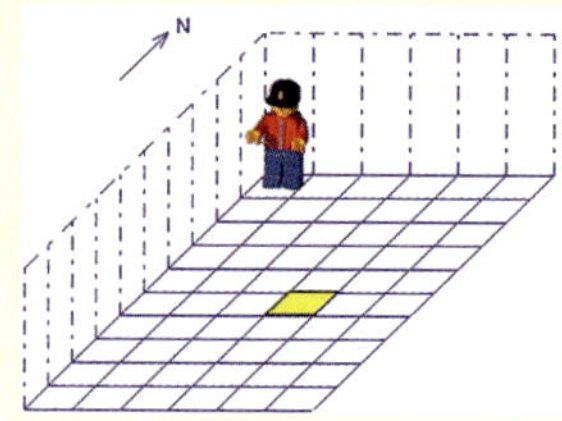

Es soll ein Programm entwickelt werden, das folgende Aufgabe löst. Irgendwo in einer beliebig großen Welt Karols liegt eine Marke. Karol soll diese Marke finden und dort stehenbleiben.

Schritt 1 – Analysieren

Analysiere zunächst die Situation.
Aufgaben sind meist als Text formuliert. Lies daher den Text genau durch. Suche Antworten auf folgende Fragen:

a) Wie ist die Situation bevor das Programm gestartet wird?
b) Wie soll die Situation nach Ablauf des Programms sein?
c) Welches Problem soll das Programm lösen?
d) Kann das Problem in Teilprobleme zerlegt werden?

a) Karol steht in der Ecke links oben und schaut in Richtung Süden. Eine Marke liegt auf irgendeinem Feld in der Welt.
b) Karol steht auf der Marke.
c) Karol soll die Welt durchlaufen bis er die Marke gefunden hat und auf ihr stehenbleiben.
d) Das Problem kann in zwei Teilprobleme zerlegt werden:
   1. Karol muss die gesamte Welt durchlaufen, d.h. jedes Feld besuchen.
   2. Karol muss erkennen, dass er auf einer Marke steht. In diesem Fall muss das Programm stoppen.

Schritt 2 – Modellieren

Beginne mit der Modellierung des ersten Teilproblems.
Formuliere deine Lösungsidee möglichst genau in Worten und erstelle dann ein Struktogramm. Dabei müssen noch nicht alle Methoden genau ausformuliert sein, das kann im nächsten Schritt erfolgen.

Eine Lösungsidee kann darin bestehen, dass Karol in Richtung Süden bis zur gegenüberliegenden Wand läuft und dort auf die Bahn rechts daneben wechselt. Von dort läuft er wieder in Richtung Norden bis zur Wand usw. Da wir nicht wissen wie groß die Welt sein wird, verwenden wir die Wiederholung mit Bedingung.

```
wiederhole solange du nicht auf einer Marke stehst
    wiederhole solange keine Wand vor dir ist
        gehe einen Schritt
    wechsle zur nächsten Bahn
```

Jetzt muss noch der Wechsel der Bahnen ausformuliert werden. An der Wand im Süden dreht sich Karol nach links, geht einen Schritt vorwärts und dreht sich dann wieder nach links. Da an der Wand im Norden die Drehung zwei Mal nach rechts erfolgen muss, schreiben wir das Durchlaufen Richtung Süden und Richtung Norden getrennt.

```
wiederhole solange du nicht auf einer Marke stehst
    wiederhole solange keine Wand vor dir ist
        gehe einen Schritt
    drehe dich nach links
    gehe einen Schritt
    drehe dich nach links
    wiederhole solange keine Wand vor dir ist
        gehe einen Schritt
    drehe dich nach rechts
    gehe einen Schritt
    drehe dich nach rechts
```

Schritt 3 – Implementieren

Verarbeite (implementiere) dein Modell. Mithilfe der Methoden, die die Programmiersprache zur Verfügung stellt, wird die Lösung des ersten Teilproblems genauer beschrieben. Beim Verarbeiten wird das erstellte Modell – hier das Struktogramm – in der jeweiligen Programmiersprache umgesetzt (Implementierung).

In Karols Sprache ergibt sich dieses Programm:

```
Programm
  wiederhole solange nicht IstMarke()
    wiederhole solange nicht IstWand()
      Schritt()
    *wiederhole
    LinksDrehen()
    Schritt()
    LinksDrehen()
    wiederhole solange nicht IstWand()
      Schritt()
    *wiederhole
    RechtsDrehen()
    Schritt()
    RechtsDrehen()
  *wiederhole
*Programm
```

Schritt 4 – Testen

Teste das Programm ausführlich. Sorge dafür, dass vor jedem Test die in Schritt 1 a) formulierte Ausgangssituation wiederhergestellt wird.

- Gibt es immer oder unter besonderen Umständen Programmabbrüche?
- Liefert dein Programm bei allen erlaubten Ausgangssituationen das gewünschte Ergebnis?
- Ist das Programm übersichtlich, kann es leicht erweitert oder geändert werden?

Wird das in Schritt 3 angegebene Programm getestet, so bricht es beim Erreichen der Wand im Osten mit einer Fehlermeldung ab. Daher muss beim Bahnwechsel eine Prüfung ergänzt werden, ob der Schritt durchgeführt werden kann.

Die Methode `Beenden()` beendet das Programm sofort.

```
LinksDrehen()
wenn IstWand() dann
  Beenden()
sonst
  Schritt()
*wenn
LinksDrehen()
```

Schritt 5 – Wiederholung der Schritte bis das Problem gelöst ist

Gehe zu Schritt 2 und löse die weiteren Teilprobleme. Überprüfe danach auch, ob das Zusammenspiel der Teillösungen funktioniert.

Zur Lösung des zweiten Teilproblems muss Karol nach jedem Schritt feststellen, ob er auf einer Marke steht. In diesem Fall soll das Programm beendet werden, andernfalls kann er den nächsten Schritt durchführen.

```
...
wiederhole solange nicht IstWand()
  wenn IstMarke() dann
    Beenden()
  sonst
    Schritt()
  *wenn
*wiederhole
...
```

Jetzt bist du dran.

1 a) Gib das Programm aus Schritt 3 in den Editor ein und teste es ausführlich. Beschränke dich hier zunächst auf das erste Teilproblem, in dem Karol die Welt vollständig durchlaufen soll.

b) Erweitere dein Programm Schritt für Schritt, bis es alle Anforderungen erfüllt. Teste wieder, so dass du sicher sein kannst, dass Karol die Marke bei jeder (möglichen) Größe der Welt findet, egal wo sie liegt. Es darf unter keinen Umständen zu einem Programmabbruch mit einer Fehlermeldung kommen.

c) Überprüfe, wie das Programm arbeitet, wenn folgende Änderungen der erlaubten Ausgangssituation vorgenommen werden:

- Es gibt mehr als eine Marke.
- Es gibt keine Marke.

9.10* Komplexe Algorithmen entwickeln

Es soll ein Programm entwickelt werden, das folgende Aufgabe löst. Eine Katze ist oben auf einer beliebig großen Bühne.
Irgendwo auf der Bühne ist eine Maus. Die Katze soll die Maus finden, vor ihr stehenbleiben und „Gefunden!" sagen.

Schritt 1 – Analysieren

Analysiere zunächst die Situation.
Aufgaben sind meist als Text formuliert. Lies daher den Text genau durch. Suche Antworten auf folgende Fragen:

a) Wie ist die Situation bevor das Programm gestartet wird?
b) Wie soll die Situation nach Ablauf des Programms sein?
c) Welches Problem soll das Programm lösen?
d) Kann das Problem in Teilprobleme zerlegt werden?

a) Ein Katzenobjekt ist in der Ecke links oben und schaut nach unten. Ein Mausobjekt ist irgendwo auf der Bühne.
b) Die Katze steht vor der Maus.
c) Die Katzenobjekt soll die Bühne durchlaufen bis sie die Maus gefunden hat und vor ihr stehenbleiben.
d) Das Problem kann in zwei Teilprobleme zerlegt werden:
   1. Die Katze muss die gesamte Bühne durchlaufen.
   2. Die Katze muss erkennen, dass sie vor der Maus steht. In diesem Fall muss das Programm stoppen.

Schritt 2 – Modellieren

Beginne mit der Modellierung des ersten Teilproblems.
Formuliere deine Lösungsidee möglichst genau in Worten und erstelle dann ein Struktogramm. Dabei müssen noch nicht alle Methoden genau ausformuliert sein, das kann im nächsten Schritt erfolgen.

Eine Lösungsidee kann darin bestehen, dass die Katze nach unten bis zur Wand läuft und sich dort etwas nach rechts bewegt. Nachdem sie sich umgedreht hat, läuft sie nach oben.
Dies wird solange wiederholt, bis sie den rechten Rand der Bühne berührt.

```
setze x und y auf die linke obere Ecke
setze die Richtung nach unten
wiederhole bis der Rand berührt wird
    wiederhole bis der Rand berührt wird
        bewege dich einen Schritt vorwärts
    bewege dich in x-Richtung nach rechts
    drehe dich um 180° im oder gegen den UZS
```

Schritt 3 – Implementieren

Verarbeite (implementiere) dein Modell. Mithilfe der Methoden, die die Programmiersprache zur Verfügung stellt, wird die Lösung des ersten Teilproblems genauer beschrieben. Beim Verarbeiten wird das erstellte Modell – hier das Struktogramm – in der jeweiligen Programmiersprache umgesetzt (Implementierung).

In unserer grafischen Programmierumgebung ergibt sich folgendes Programm:

Schritt 4 – Testen

Teste das Programm ausführlich. Sorge dafür, dass vor jedem Test die in Schritt 1 a) formulierte Ausgangssituation immer wiederhergestellt wird. Achte insbesondere auf folgende Punkte:

- Gibt es immer oder unter besonderen Umständen Programmabbrüche?
- Liefert dein Programm bei allen erlaubten Ausgangssituationen das gewünschte Ergebnis?
- Ist das Programm übersichtlich, kann es leicht erweitert oder geändert werden?

Wird das in Schritt 3 angegebene Programm getestet, so kann es je nach Größe der Bühne sein, dass sie den rechten Rand zu früh berührt und somit die Bühne am rechten Rand nicht mehr komplett absucht.
Je nach Größe der Maus und der Katze müssen dann die Schrittweiten verkleinert werden.

Schritt 5 – Wiederholung der Schritte bis das Problem gelöst ist

Gehe zu Schritt 2 und löse weitere Teilprobleme, die noch nicht in Angriff genommen wurden.
Überprüfe danach auch, ob das Zusammenspiel der Teillösungen funktioniert.

Zur Lösung des zweiten Teilproblems muss die Katze nach jeder Bewegung feststellen, ob sie das Objekt Maus berührt.

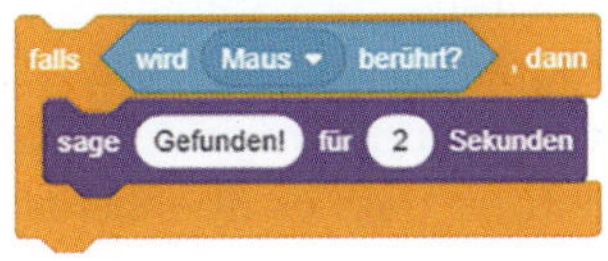

Jetzt bist du dran.

1 Versuche den Algorithmus schrittweise zu implementieren.

a) Beschränke dich dabei zunächst auf das erste Teilproblem. Es könnte sein, dass es dir nicht gelingt, die Probleme am rechten Rand der Bühne sofort zu lösen. Teste dein Programm ausführlich und verbessere es, bis es dir gelungen ist.

b) Erweitere dein Programm Schritt für Schritt, bis es alle Anforderungen erfüllt. Passe die Schrittweiten so an, dass die Katze nicht an der Maus vorbeilaufen kann, sie aber auch nicht unnötig klein sind.

c) Teste dein Programm auch für Extremsituationen, z. B.: Die Katze berührt die Maus schon zu Beginn.

d) Verändere das Programm nach deinen Vorstellungen, z. B.:
- Es gibt mehrere Mäuse.
- Die Maus sucht gleichzeitig einen Fressnapf.

2 Die Bühne ist durch eine Wand in eine obere und eine untere Hälfte zweigeteilt. In der Wand befindet sich nur ein schmaler Durchlass. Eine Maus ist zunächst links oben in der oberen Hälfte. Sie soll die Lücke in der Wand finden und in die untere Hälfte der Bühne gelangen.

a) Zerlege das Problem in Teilprobleme und beschreibe diese möglichst genau.

b) Entwickle schrittweise Programme zur Lösung der Teilprobleme und setze diese dann zu einem vollständigen Programm zusammen.

c) Verändere das Programm nach deinen Vorstellungen, z. B.:
- Die Maus befindet sich irgendwo in der oberen Hälfte.
- Die Maus schaut zu Beginn nicht notwendigerweise in Richtung der Wand.

9.11 Üben und Vertiefen

1 Karol hat sich in seiner Welt ein rechteckiges Grundstück gekauft. Das Grundstück hat vom Nord- und Westrand der Welt einen Abstand von zwei Reihen und reicht bis an den Süd- und Ostrand heran. Zeichne vor dem Programmieren jeweils ein Struktogramm.

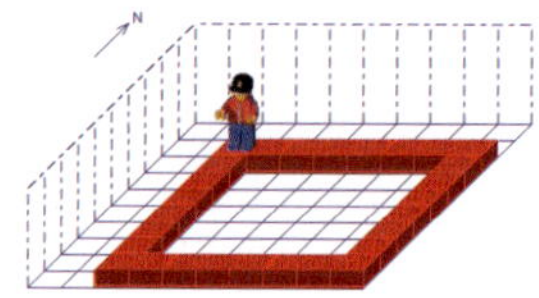

a) Entwickle ein Programm, mit dem Karol sein Grundstück mit einer Mauer, die einen Ziegel hoch ist, umgibt. Die Mauer muss auf seinem Grundstück stehen.

b) Baue in dein Programm möglichst viele Wiederholungen ein und verwende eigene Methoden, so dass es übersichtlich wird.

c) Sorge dafür, dass das Programm nicht geändert werden muss, wenn sich die Größe der Welt ändert.

d) Karol soll nach den Bauarbeiten wieder links oben in der Ecke stehen und nach Süden blicken.

e) Als Karol sein Grundstück bekommt, ist es noch voller Abfall (Ziegel und Marken in verschiedenen Farben). Setze vor dem Start einige Ziegel und Marken in die Welt, die Karol zunächst wegräumt.

f) Die Mauer soll nun zwei Ziegel hoch sein und die Ecken mit einem weiteren andersfarbigen Ziegel verziert werden.

g) Karol will nun noch einen vierten Ziegel auf die Ecken der Mauer setzen.

h) Karol soll nach den Bauarbeiten wieder links oben in der Ecke stehen und nach Süden blicken.

2 Schreibe jeweils Programme, die die in den Aufgaben beschriebenen Figuren erzeugen. Strukturiere die Programme übersichtlich mithilfe von selbst erstellten Methoden (→ 9.4*). Orientiere dich an Kapitel → 9.9*, wo du gelernt hast, wie die Figur rechts entsteht.

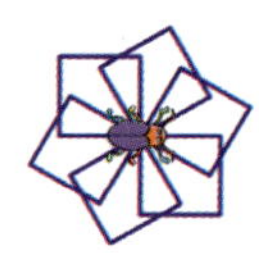

a) Lasse von einem Objekt deiner Wahl diese Figur zeichnen.

b) Ersetze die in der Figur aus Teilaufgabe a) enthaltenen Quadrate durch Dreiecke, Fünfecke usw.

c) In deinen bisher erstellten Methoden wurden jeweils vier Grundfiguren verwendet. Ersetze vier durch eine andere Anzahl und experimentiere mit verschiedenen Drehwinkeln zwischen diesen Grundfiguren.

d) Schreibe auch Methoden, die unterschiedliche fächerförmige Figuren wie in diesem Bild erzeugen.

e) Erweitere deine Programme und Methoden aus den Teilaufgaben a) bis d) so, dass während des Zeichnens z. B. die Farbe, die Linienstärke, die Linienart usw. gewechselt wird.

f) Lasse Figuren zeichnen, die verschiedene Grundformen enthalten. Diese können wie in der Figur rechts auch ineinander liegen und unterschiedlich groß sein.

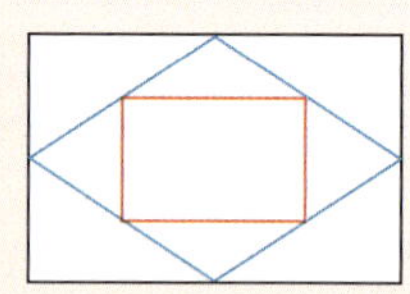

g) Lasse zwei Objekte gleichzeitig unterschiedliche Figuren zeichnen.

h) Ein Objekt soll Buchstaben „schreiben". Beginne mit einfachen wie im Bild und versuche dann auch komplexer aufgebaute.

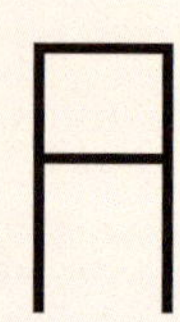

3 Du möchtest eine E-Mail verschicken. Gehe davon aus, dass der Rechner angeschaltet ist, aber kein Programm geöffnet. Der Internetzugang ist eingerichtet.

a) Erstelle stichwortartig eine Beschreibung deines Vorgehens.
b) Zeichne das Struktogramm.

4 Isa findet im Internet dieses Struktogramm.

a) Begründe, welches Gerät, das du eventuell bei dir zuhause hast, nach dieser Anleitung bedient werden kann.
b) Es könnte bereits ein Medium eingelegt sein, das bleiben oder gewechselt werden soll. Zeichne ein neues Struktogramm, bei dem diese Situationen berücksichtigt werden.

schalte den Netzschalter auf „on"
betätige den „open/close"-Knopf
warte Öffnen ab
lege Medium ein
betätige den „open/close"-Knopf
warte Schließen ab
betätige „start"

5 Begründe jeweils, ob folgende Probleme mit einer Wiederholung mit fester Anzahl oder mit Bedingung gelöst werden können. Überlege dir, wo nötig, sinnvolle Zahlenwerte und zeichne dann das Struktogramm.

a) Gummibärchen werden in Beutel gefüllt. Jeder Beutel enthält gleich viele.
b) Ein Planschbecken wird mithilfe eines Schlauches mit Wasser gefüllt.
c) Ein Satz beim Tischtennis endet, wenn ein Spieler mindestens elf Punkte hat und mindestens zwei mehr als sein Gegner.
d) Ein Fußballspiel besteht aus zwei Halbzeiten, die (meist) 45 Minuten dauern.
e) Bei einem Autorennen wird eine bestimmte Entfernung gefahren.
f) Überlege dir für beide Wiederholungsarten jeweils drei weitere Beispiele.

6 Karol soll eine quadratische, sechs Ziegel hohe Pyramide bauen.

a) Analysiere die Aufgabe und ermittle die notwendige Größe des untersten Quadrats der Pyramide sowie die Mindestgröße der Welt.
b) Erstelle einen geeigneten Algorithmus und stelle ihn als Struktogramm dar.
c) Implementiere das Programm.

7 Erstelle eine Welt der Länge zehn und der Breite sechs.

a) Schreibe eine Methode, so dass Karol bis zur Wand Ziegel in beliebiger Farbfolge aneinanderlegt und danach so steht, wie in der linken Grafik zu sehen.
b) Schreibe eine Methode, die die Ziegel wie im rechten Bild nach Farben sortiert.

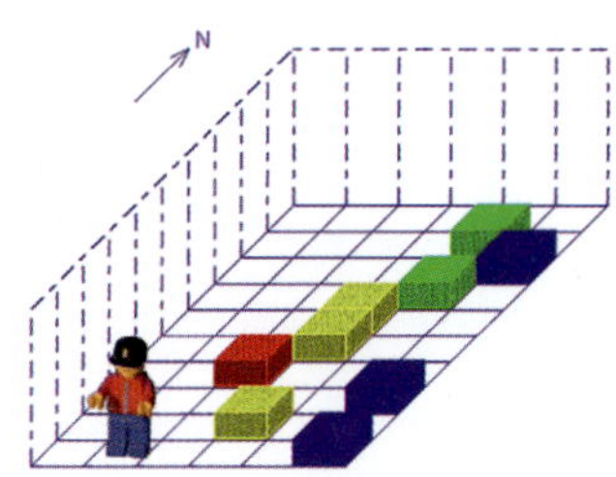

8 Ein Windstoß hat die bunten Blätter in Karols Arbeitszimmer durcheinandergewirbelt.

a) Erstelle eine Welt ähnlich der rechts und speichere sie ab.
b) Damit sie nicht wieder wegfliegen, legt Karol auf jedes Blatt einen Ziegel mit derselben Farbe. Schreibe ein mithilfe von Methoden gut strukturiertes Programm, das diese Aufgabe erledigt.
c) Beschreibe, welche weitere Schwierigkeit sich ergibt, wenn er auf jedes Blatt zwei Ziegel legen möchte.

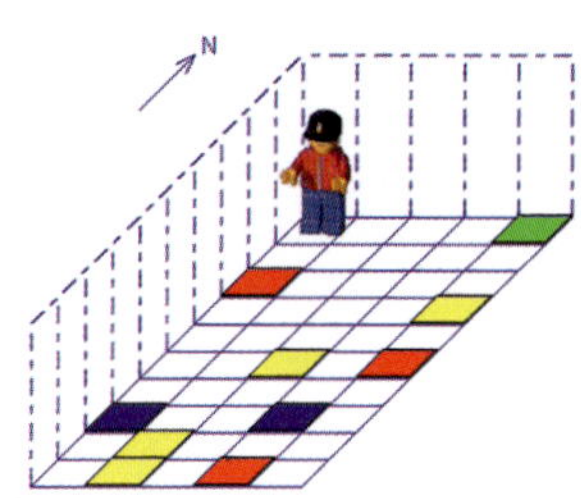

9 Erweitere dein Programm aus 9.9* Aufgabe 3.

a) Zeichne je ein Objekt als Start- und Ziellinie ein. Dein Auto-Objekt soll nun nach einer Runde stehenbleiben.

b) Dupliziere dein Auto-Objekt. Nun könnten auch Kollisionen entstehen, die du berücksichtigen musst.

10 Erweitere dein Programm aus 9.5* Aufgabe 2d.

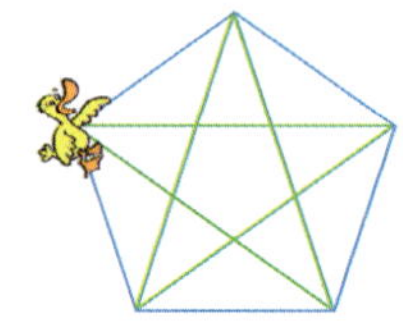

a) Lasse zusätzlich zum Pentagramm auch die Verbindungslinien benachbarter Ecken in einer anderen Farbe zeichnen.

b) Experimentiere auch mit anderen Figuren.

11 Entwickle ein Spiel.

a) Zeichne ein Objekt `Geldsack` und lasse dieses mit den Pfeiltasten steuern: mit der rechten Pfeiltaste nach rechts, mit der linken Pfeiltaste nach links.

b) Zeichne ein Objekt `Münze` und lasse dieses so lange herunterfallen, bis es das Geldsack-Objekt berührt. Danach soll es sich verstecken.

c) Setze zu Beginn die x- und y-Position des Münz-Objekts auf einen zufälligen Wert (z. B. x von –200 bis 200 und y von 100 bis 180 Pixel) und lasse es anzeigen. Lasse nun deinen Algorithmus fortlaufend wiederholen. So erscheint das Münz-Objekt bei einer zufälligen Position und fällt herunter. Berührt es das Geldsack-Objekt, versteckt es sich und erscheint wieder bei einer zufälligen Position.

d) Schaffst du es nicht, das Münz-Objekt zu fangen, so fällt es zu Boden. Zeichne ein Objekt `Boden`. Berührt das Münz-Objekt dieses, so soll Spielende angezeigt werden und das Programm stoppen.

e) Deinem Spiel fehlt nur noch ein Spielstand. Um die in das Geldsack-Objekt gefallenen Münz-Objekte zu zählen, benötigen wir eine Variable. Mit ihr können wir den aktuellen Spielstand abspeichern und jederzeit auf ihren Wert zugreifen. In der Kategorie Daten kannst du dir eine „Neue Variable" anlegen. Ihr gibst du den Namen Spielstand. Mit der Einstellung „Für alle Figuren" ist sichergestellt, dass alle Objekte auf den Spielstand zugreifen können. Verändere dein Programm, so dass …

- jedes gesammelte Münz-Objekt den Spielstand erhöht:

- der Spielstand zu Beginn des Programms auf 0 zurückgesetzt wird:

- das Spiel ab einem bestimmten Spielstand endet, z. B. mit folgender Bedingung:

f) Dupliziere dein Objekt `Münze` so oft du willst. Somit hat jedes Münz-Objekt den gleichen Algorithmus und der Schwierigkeitsgrad ist deutlich erhöht.

g) Entwickle selbst ein Spiel. Hier sind deiner Fantasie keine Grenzen gesetzt.

9.12 Am Ziel

DAS GROSSE INFO-QUIZ!

Hier sprechen Begriffe, die du in diesem Kapitel gelernt hast, über sich selbst. Die Zahlen in Klammern geben den Buchstaben im erratenen Begriff an, den du für das Lösungswort brauchst.

A. „Bei mir enthält eine Kontrollstruktur eine andere." ....(1)
B. „Ich bin viel genauer als eine Beschreibung." ....(4)
C. „Ich stelle B. grafisch dar." ....(3)
D. „Ich kann erfüllt sein – oder auch nicht." ....(6)
E. „Bei einem Rezept ist es wichtig, sich an mich zu halten." ....(1)
F „Schön der Reihe nach." ....(6)
G. „Immer wieder … ." ....(12)

1 Paul behauptet: *„Eine Wiederholung kann auch endlos wiederholt werden, obwohl das gar nicht gewollt ist."* Begründe, ob Paul Recht hat.

2 Ina behauptet: *„Ein Programm kann nur unter zwei Möglichkeiten wählen, nie unter drei oder mehr."* Begründe, ob Ina Recht hat.

3 Ava meint: „Das Bild rechts erinnert mich an die Kontrollstrukturen." Erkläre.

4 An der Einmündung einer Nebenstraße in eine Hauptstraße ist eine Ampelanlage aufgestellt. Gib in einem Struktogramm alle Zustände (z. B. in der Form H/rot; N/grün) an, die nacheinander vom Einschalten der Anlage bis zum Ausschalten durchlaufen werden.

5 Du stehst an einer Straße, die du überqueren möchtest. Erstelle dafür einen Algorithmus. Berücksichtige verschiedene Möglichkeiten.

6 Implementiere je ein Programm zur Lösung folgender Pobleme mithilfe einer Programmierumgebung deiner Wahl. Setze je nach Programmierumgebung passende Werte ein.

a) Ein Objekt geht einige Schritte geradeaus, dreht sich dann einmal um seine Achse und geht dann dieselbe Anzahl von Schritten weiter.

b) Ein Objekt geht Schritte geradeaus, solange es nicht auf ein Hindernis trifft. Trifft es auf Hindernis A, so biegt es nach links ab, trifft es auf Hindernis B, so biegt es nach rechts ab.

Ich kann …	in Aufgabe	Hilfe
Problemstellungen aus der Alltagswelt analysieren und strukturieren.	4; 5	9.1; 9.2; 9.7
Problemstellungen durch Algorithmen unter Verwendung der Kontrollstrukturen beschreiben.	1-6	9.1-9.9
die Algorithmen mithilfe geeigneter Programmierwerkzeuge in Programme umsetzen.	6	9.3-9.9

9.13 Alles im Blick

Anweisung und Ablauf ➥ 9.1

Eine Anweisung ist der Auftrag an ein Objekt, einen bestimmten Arbeitsschritt (eine Methode) auszuführen. Als Ablauf bezeichnet man eine feste Abfolge von Arbeitsschritten, die nacheinander in exakt der vorgegebenen Reihenfolge auszuführen sind.

Anweisung: 1. Falte ein quadratisches Blatt Papier längs einer Diagonale.

Ablauf: 1. 2. ff.

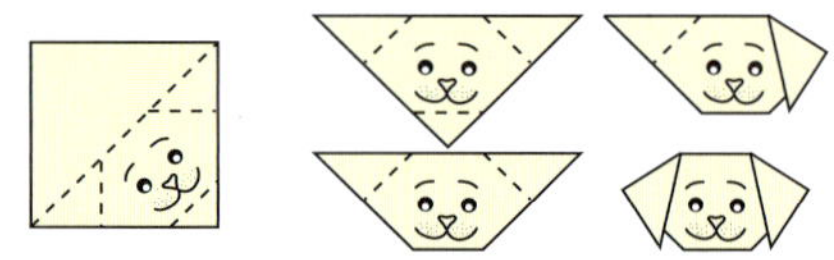

Algorithmus und Programm ➥ 9.2

Ein Algorithmus ist eine endliche Abfolge von eindeutigen und ausführbaren Anweisungen zur Lösung eines allgemeinen Problems.
Ist ein Algorithmus in einer formalisierten Sprache verfasst und kann er maschinell abgearbeitet werden, so spricht man von einem Programm.

Konstruktion eines Kreises
- stich mit dem Zirkel im Mittelpunkt ein
- ziehe die Schenkel des Zirkels so weit auseinander, wie es dem Radius entspricht
- drehe den Zirkel

Algorithmus

```
wiederhole 360 Mal
  Schritt()
  RechtsDrehen()
*wiederhole
```

Programm

Robot Karol und Scratch ➥ 9.3; 9.3*

Robot Karol ist eine freie, grafische und textbasierte Programmierumgebung, die auf dem eigenen Computer installiert werden kann. Scratch ist eine freie, grafische Programmierumgebung, die entweder online verwendet oder auf dem eigenen Computer installiert werden kann.

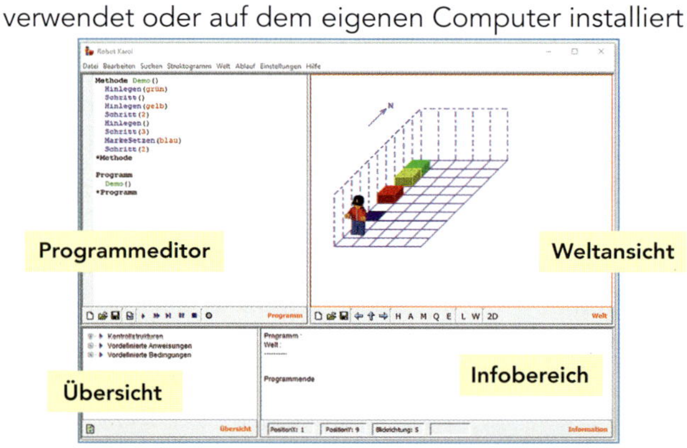

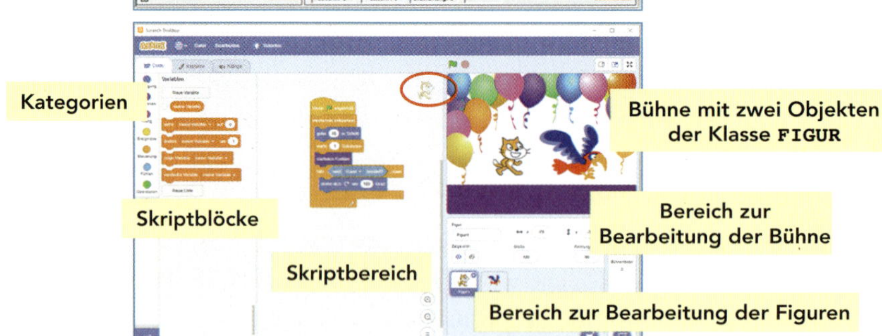

Struktogramm ➥ 9.4-9.7; 9.4*-9.7*

Struktogramme dienen zur Darstellung von Programmentwürfen und sind daher unabhängig von der verwendeten Programmiersprache.

Kontrollstruktur: Sequenz ➥ 9.4

Eine Sequenz ist eine innerhalb eines Programmcodes lineare Abfolge von Methodenaufrufen, die genau einmal in dieser Reihenfolge durchgeführt werden.

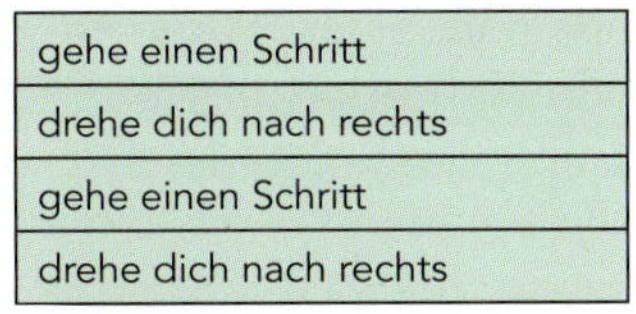


```
Schritt()
RechtsDrehen()
Schritt()
RechtsDrehen()
```

Kontrollstruktur: Wiederholung mit fester Anzahl ➥ 9.5

Eine Sequenz wird so oft wiederholt, wie es die Anzahl der Wiederholungen angibt. Diese Anzahl muss vor dem ersten Durchlauf der Sequenz bekannt sein.

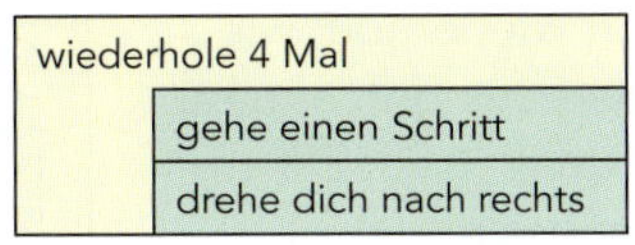


```
wiederhole 4 Mal
  Schritt()
  Rechtsdrehen()
*wiederhole
```

Kontrollstruktur: Wiederholung mit Bedingung ➥ 9.6

Bedingungen sind Aussagen, die wahr oder falsch sein können. Bei dieser Wiederholung mit Bedingung wird eine Sequenz so oft ausgeführt, solange die angegebene Bedingung wahr ist. Ob die Bedingung noch wahr ist, wird vor jedem neuen Durchlauf geprüft. Die Anzahl der Wiederholungen muss vor dem ersten Durchlauf nicht bekannt sein.

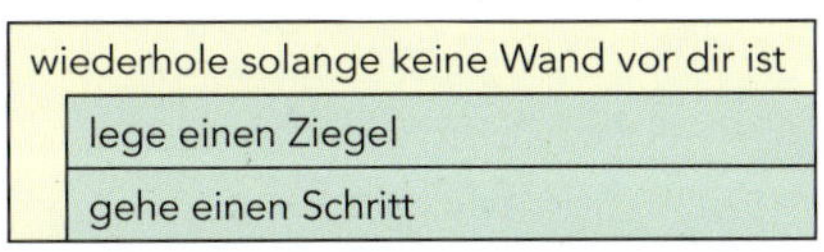


```
wiederhole solange nicht IstWand()
  Hinlegen()
  Schritt()
*wiederhole
```

Kontrollstruktur: Bedingte Anweisung ➥ 9.7

Eine Sequenz wird nur dann ausgeführt, wenn eine Bedingung wahr liefert. Geschieht andernfalls nichts, so heißt die bedingte Anweisung einseitig. Wird andernfalls eine andere Sequenz durchgeführt, so heißt sie zweiseitig.

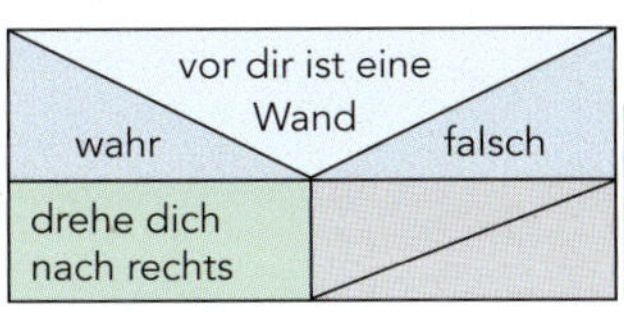


```
wenn IstWand() dann
  RechtsDrehen()
*wenn
```

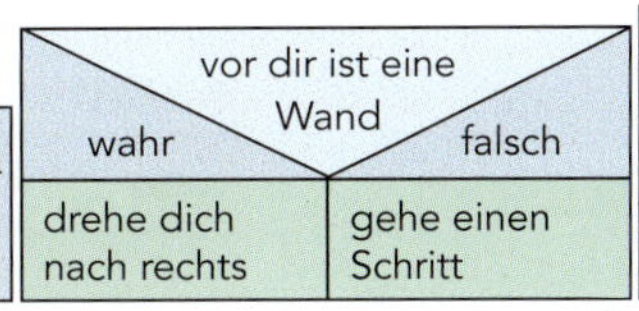


```
wenn IstWand() dann
  RechtsDrehen()
sonst
  Schritt()
*wenn
```

Kombination von Kontrollstrukturen ➥ 9.8; 9.9

Kontrollstrukturen können nacheinander ausgeführt oder ineinander verschachtelt werden.

Hintereinanderausführung (Sequenz):
Erst wenn eine Kontrollstruktur ausgeführt wurde, wird die nächste abgearbeitet.

Verschachtelung:
Eine Kontrollstruktur enthält eine oder mehrere andere Kontrollstrukturen. Die Verschachtelung kann auch mehrfach erfolgen.

Hintereinanderausführung

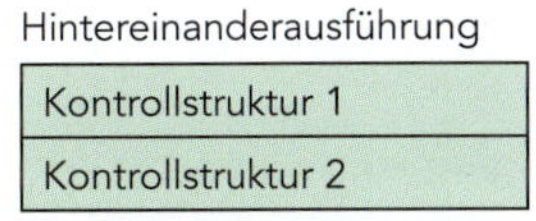

Verschachtelung

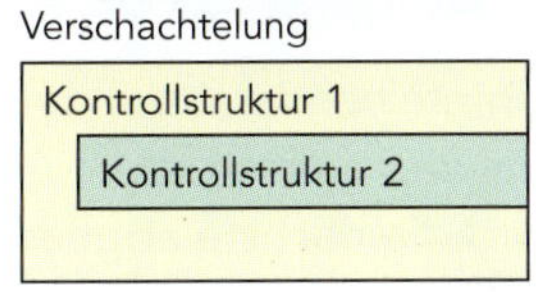

Kontrollstruktur: Sequenz ➥ 9.4*

Eine Sequenz ist eine innerhalb eines Progammcodes lineare Abfolge von Methodenaufrufen, die genau einmal in dieser Reihenfolge durchgeführt werden.

gehe einen 10er-Schritt vorwärts
verändere dein Aussehen
gehe einen 10er-Schritt vorwärts
verändere dein Aussehen

Kontrollstruktur: Wiederholung mit fester Anzahl ➥ 9.5*

Eine Sequenz wird so oft wiederholt, wie es die Anzahl der Wiederholungen angibt. Diese Anzahl muss vor dem ersten Durchlauf der Sequenz bekannt sein.

wiederhole 4 Mal	
	gehe einen 200er-Schritt vorwärts
	drehe dich um 90° im UZS

Kontrollstruktur: Wiederholung mit Bedingung ➥ 9.6*

Bedingungen sind Aussagen, die wahr oder falsch sein können. Bei dieser Wiederholung mit Bedingung wird eine Sequenz so oft ausgeführt, bis die angegebene Bedingung wahr ist. Ob die Bedingung noch nicht wahr ist, wird vor jedem neuen Durchlauf geprüft.
Die Anzahl der Wiederholungen muss vor dem ersten Durchlauf nicht bekannt sein.

wiederhole bis der Rand berührt wird	
	gehe einen 10er-Schritt vorwärts

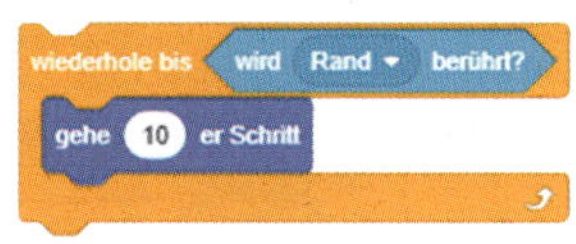

Kontrollstruktur: Bedingte Anweisung ➥ 9.7*

Eine Sequenz wird nur dann ausgeführt, wenn eine Bedingung wahr liefert.
Geschieht andernfalls nichts, so heißt die bedingte Anweisung einseitig.
Wird andernfalls eine andere Sequenz durchgeführt, so heißt sie zweiseitig.

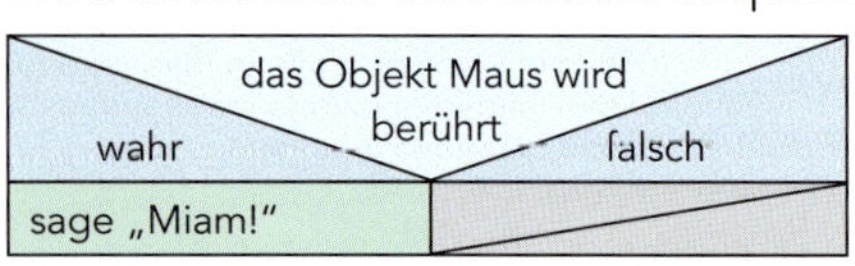

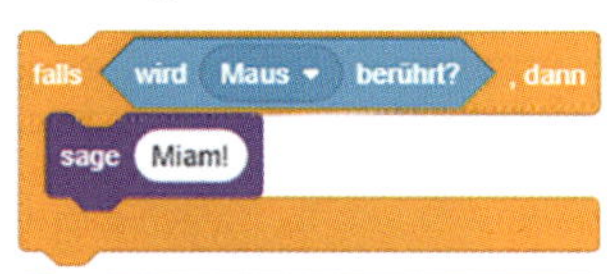

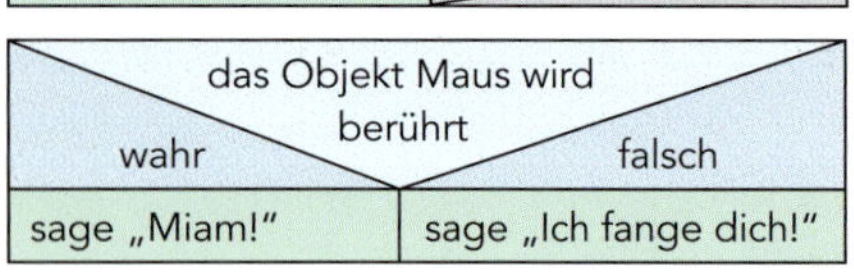

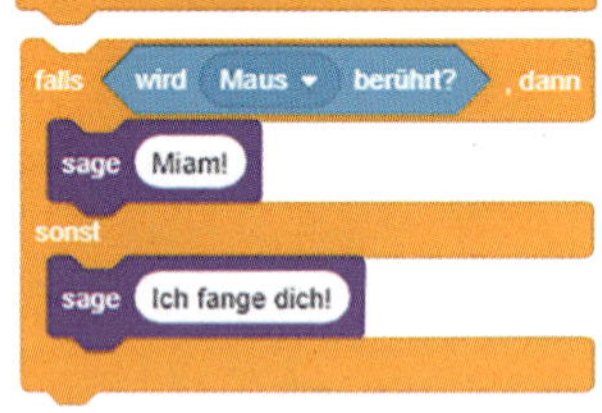

Kombination von Kontrollstrukturen ➥ 9.8*; 9.9*

Kontrollstrukturen können nacheinander ausgeführt oder ineinander verschachtelt werden.

Hintereinanderausführung (Sequenz):
Erst wenn eine Kontrollstruktur ausgeführt wurde, wird die nächste abgearbeitet.

Hintereinanderausführung

Kontrollstruktur 1
Kontrollstruktur 2

Verschachtelung:
Eine Kontrollstruktur enthält eine oder mehrere andere Kontrollstrukturen. Die Verschachtelung kann auch mehrfach erfolgen.

Verschachtelung

Kontrollstruktur 1	
	Kontrollstruktur 2

Projekt 10

Einstieg

In den Bildern sind Merkmale eines Projekts dargestellt, wie Planung, Arbeitsteilung, Zeitmanagement.

- Überlege dir mindestens zwei Gründe, warum an einem Projekt normalerweise mehrere Personen beteiligt sind.
- Warum sollten Zeitpunkte vereinbart werden, zu denen bestimmte Dinge erledigt sein müssen?

Am Ende dieses Kapitels hast du gelernt, …

- ein Projekt durchzuführen.
- bei der Durchführung Grundlagen wie Zeitmanagement, Sicherung der Zwischenstände und Arbeitsteilung zu beachten.
- den Arbeitsprozess zu dokumentieren.

10.1 Grundlegendes zur Projektarbeit

Was ist ein Projekt?

Ein **Projekt** ist ein Vorhaben, das sich im Wesentlichen durch folgende drei Punkte auszeichnet:

- Das Vorhaben wird *nur einmal* durchgeführt. Erstellt eine Schülergruppe eine zweimal pro Schuljahr erscheinende Schülerzeitung, so ist das kein Projekt, die Erstellung einer Abiturzeitung durch die Abiturienten allerdings schon.
- Durch das Projekt soll ein *festgelegtes Ziel* erreicht werden. Dieses Ziel wird vorher genau formuliert, schriftlich festgehalten und seine Erreichung danach geprüft und bewertet.
- Das Projekt ist *zeitlich begrenzt*.

Ein größeres und längeres Projekt wird in verschiedene Abschnitte, auch **Phasen** genannt, eingeteilt:

Definitionsphase — Planungsphase — Realisierungsphase — Abschluss

Normalerweise wird die nächste Phase erst dann begonnen, wenn die vorherige vollständig abgearbeitet worden ist. Dabei ist die Beachtung folgender Punkte sinnvoll:

Definitionsphase

- Sucht das Thema.
- Formuliert ein Projektziel und haltet die wichtigsten Einzelheiten, was genau erstellt werden soll, stichpunktartig fest.
- Legt, falls nicht vorgegeben, einen Abschlusstermin fest.

Planungsphase

- Sammelt Ideen und sucht Material.
- Bildet Arbeitsgruppen, bestimmt evtl. Gruppenleiter.
- Legt die Meilensteine (siehe rechte Seite) fest.
- Trefft Vereinbarungen, wie das Endprodukt aussehen soll.
- Legt Regeln für die Sicherung der Zwischenergebnisse fest.
- Schreibt die Ergebnisse der Planungsphase in ein Textdokument. Gebt dort zusätzlich an, was während der Durchführung festgehalten werden muss.

Realisierungsphase

- Legt die Aufgabenverteilung innerhalb der Gruppen fest.
- Achtet darauf, dass bei der Durchführung der Arbeiten alle Mitglieder gleichwertig eingebunden sind.
- Achtet alle darauf, dass die Meilensteine erreicht werden, die Sicherung der Zwischenergebnisse korrekt durchgeführt wird und Materialien für die Dokumentation bereitgestellt werden.
- Die Gruppenleiter sorgen dafür, dass alle Vereinbarungen eingehalten werden.
- Sprecht euch bei Problemen miteinander ab, evtl. auch mit Mitgliedern anderer Gruppen.

Abschluss

- Präsentiert und veröffentlicht eure Ergebnisse.
- Falls keine Fremdbeurteilung erfolgt: Bewertet und reflektiert eure Ergebnisse.
- Kontrolliert, ob das zu Beginn formulierte Projektziel erreicht wurde.

Arbeitsteilung

Da die Durchführung größerer Projekte durch nur eine Person zu lange dauern würde und auch nicht jeder alle Arten der erforderlichen Aufgaben erledigen kann, müssen meist mehrere Einzelpersonen oder Gruppen zusammenarbeiten. Bei der Einteilung der Gruppen ist zu beachten:

- Idealerweise finden sich die Gruppenmitglieder selbst zusammen.
- Jede Gruppe bekommt ein genau abgegrenztes Thema. Dabei müssen die Gruppenmitglieder in der Lage sein, die nötigen Arbeiten auch durchzuführen.
- Ab einer Gruppengröße von etwa vier Personen ist es sinnvoll, einen Gruppenleiter zu bestimmen. Er ist auch für die Absprachen mit anderen Gruppenleitern und dem Projektleiter zuständig.
- Die Gruppengröße sollte sich nach dem Umfang der zu erledigenden Arbeit richten.

Zeitmanagement

Oft ist ein Zeitpunkt vorgegeben, an dem das Projekt abgeschlossen sein muss. In diesem Fall ergibt sich aus der benötigten Zeitspanne der Startzeitpunkt. Da ein Projekt zeitlich begrenzt sein muss, wird ansonsten eine Maximaldauer festgelegt. In beiden Fällen muss abgeschätzt werden, welchen Zeitraum die Durchführung in Anspruch nehmen wird.

Um *während* des Projekts überprüfen zu können, ob es innerhalb des zur Verfügung stehenden Zeitraums auch abgeschlossen werden kann, ist ein **Zeitmanagement** nötig. Dazu werden so genannte **Meilensteine** festgelegt. Das sind Zeitpunkte, zu denen bestimmte Zwischenziele erreicht sein müssen. Diese sollten so gewählt werden, dass der Endtermin auf alle Fälle einhalten werden kann.
Das Festlegen der Meilensteine ist schwierig. Manchmal hilft eine Erfahrung aus anderen Projekten. Oder man führt einen Teil der Arbeit durch und kann dann abschätzen, wie lange man insgesamt brauchen wird. Im Zweifelsfall sollte mehr Zeit als vermutet eingeplant werden.

Sicherung der Zwischenergebnisse

Aus Versehen oder durch technische Fehler kann die bereits geleistete Arbeit verloren gehen. Daher ist eine **Sicherung der Zwischenstände** nötig. Folgende Regeln helfen dabei:

- In regelmäßigen Abständen müssen alle geänderten Dateien gesichert werden.
- Jede neue Datei bekommt einen neuen Namen. Günstig ist es, das Datum nach DIN-Norm anzuhängen, z. B.: Projekt 2020-05-18. Dann können die Kopien im Dateimanager leicht nach Datum sortiert werden. Ist durch einen technischen Defekt die letzte Kopie nicht mehr lesbar, so steht wenigstens die vorletzte noch Verfügung.
- Sicherungskopien müssen auf einem anderen Datenträger erstellt werden. Befinden sich alle Dateien z. B. auf derselben Festplatte und hat diese einen Defekt, so kann keine mehr gelesen werden.

Dokumentation

Um ein Projekt später nachvollziehen und bewerten zu können, ist eine **Dokumentation** anzufertigen. Diese dient auch zur Fehlerbeseitigung und einer späteren Erweiterung. Eine gute Dokumentation hilft zudem bei der Planung anderer Projekte. Dazu gehören:

- eine genaue Beschreibung des Projektziels
- eine genaue Beschreibung der Meilensteine
- kommentierte Programme/Dokumente/Versuchsbeschreibungen/Versuchsprotokolle usw.
- evtl. Testberichte, aufgetretene Probleme, falsche Zeiteinschätzungen
- falls nötig: eine Bedienungsanleitung, wenn z. B. ein Programm erstellt oder ein Gerät gebaut wurde

10.2 Projektmöglichkeit: Gestaltung einer Hypertextstruktur

Layout und Navigation

Die Anordnung von Text und Bildern in einem Dokument bezeichnet man als **Layout**. Texte und Bilder sollten in jedem Layout – auch in Hypertextdokumenten – möglichst übersichtlich angeordnet sein. Die Dokumente einer Hypertextstruktur müssen untereinander benutzerfreundlich durch Verweise verknüpft werden, damit der Anwender jede für ihn interessante Seite schnell aufrufen kann. Diese Verknüpfungen nennt man **Navigation**.

Die Gestaltung von Hypertextstrukturen und Hypertextdokumenten

Bei der Gestaltung von Hypertextstrukturen und -dokumenten ist Folgendes zu beachten:

Hypertextstrukturen

- Gestaltet zu Beginn die Startseite. Diese hat im Internet meist den Dateinamen `index.html`. Hier wird das Thema kurz vorgestellt und mit Bildern veranschaulicht.
- Bestimmt dann die Themen der weiteren Seiten und ordnet sie. Bei der Ordnung ist oft eine hierarchische Struktur sinnvoll.

Hypertextdokumente

- Im Gegensatz zu einer Seite in einem Textdokument können Seiten in Hypertextdokumenten beliebig lang sein. Für eine bessere Lesbarkeit ist dennoch eine Beschränkung sinnvoll. Beschränkt euch z. B. auf zwei Bildschirmhöhen.
- Bei einer zu großen Zeilenbreite wird es beim Lesen schwierig, den Beginn der nächsten Zeile zu finden. Überschreitet deshalb bei der Wahl der Zeilenbreite 10-15 Zentimeter nicht.
- Schreibt kurze Absätze. Texte am Bildschirm zu lesen ist gegenüber einer Version auf Papier anstrengender und zeitintensiver.
- Verwendet gut lesbare und möglichst serifenlose Schriftarten. Für den Fließtext sollte die Schriftgröße mindestens 10, besser 12 Punkt betragen.
- Stellt nicht zu große Schriftgrößen für Überschriften ein. Für die Hauptüberschrift reichen 20 Punkt, für Zwischenüberschriften 14 Punkt.

  Das ist schwer lesbar.
  Das ist viel besser lesbar.

- Achtet auf einen guten Kontrast zwischen Schrift- und Hintergrundfarbe. Das Auge ermüdet sonst schnell.
- Verwendet zur Hervorhebung Fettschrift und Farben. Unterstreichungen werden oft bei Auslösestellen genutzt. Nutzt Unterstreichungen möglichst nur bei Verweisen, um Verwechslungen auszuschließen.

  Das ist schwer lesbar.
  Das ist viel besser lesbar.

- Fügt aussagekräftige Bilder und Grafiken ein. Wählt deren Größe so, dass alles Wichtige erkennbar ist, aber nicht so groß, dass sie den Text verdrängen oder gar größer sind als der Bildschirm.
- Achtet darauf, dass das Dokument nicht zu voll und überladen wirkt, aber auch nicht zu leer ist.

Bilder sind im Gegensatz zu Multimediadokumenten *nicht* Bestandteil eines Hypertextdokumentes. Im HTML-Quelltext (➡ 7.9) steht nur ein Verweis auf die Bilddatei. Der Browser öffnet das Bild zusätzlich und fügt es erst beim Anzeigen in das Dokument ein. Wird die Bilddatei gelöscht oder verschoben, kann das Bild nicht angezeigt werden.

Der Inhalt einer Seite

- Beschränkt euch auf das Thema dieser Seite. Überlegt euch:
  1. Was *muss* vorkommen, weil es wichtig für das Thema ist?
  2. Was *kann* vorkommen, kann aber auch bei Platzmangel entfallen?
  3. Was *darf nicht* vorkommen, weil es z. B. nicht zum Thema gehört?
- Überprüft die Quellen eurer gefundenen Informationen (➡ 7.6).
  1. Sind die gefundenen Informationen wirklich *richtig*?
  2. Sind die gefundenen Informationen auch *aktuell*?
- Hebt Wichtiges hervor, geht aber sparsam mit Hervorhebungen um.
- Versucht die gefundenen Informationen zu verstehen und formuliert sie dann in eigenen Worten. Achtet auf einen einfachen Satzbau und eine logische Abfolge der Informationen. Vermeidet wenn möglich Abkürzungen und Fremdwörter. Erklärt sie, wenn sie unverzichtbar und nicht jedem bekannt sind.
- Verzichtet auf langwierige Erklärungen, wenn ein Sachverhalt durch ein Bild besser vermittelt werden kann.
- Gebt die Quellen direkt oder in einem Quellenverzeichnis an.

Navigation

- Erstellt zunächst die **Seitennavigation**:
  1. In jedem Dokument führen Verweise auf die Unterthemen und von dort zurück.
  2. Gibt es viele Ebenen, so ist es sinnvoll z. B. links oben auf jeder Seite einen Verweis zur Startseite anzubringen.
  3. Wählt die Texte der Auslösestellen sebsterklärend.
- Kümmert euch dann um die **Kontextnavigation**:
  Kommt ein Begriff vor, der auf einer anderen Seite genauer erklärt wird oder mit einem anderen in Beziehung steht, so fügt einen Verweis dorthin ein.

Aus einer ursprünglich angelegten hierarchischen Struktur entsteht durch eine Kontextnavigation eine vernetzte Informationsstruktur (➡ 7.2).

Testen

Vor Abschluss eines jeden Projekts ist es unbedingt nötig, die korrekte Funktion zu testen. In diesem Fall gehört dazu:

- Sind alle Seiten nach den Vorgaben gestaltet und fehlerfrei?
- Werden alle Bilder und auch die richtigen angezeigt? Dies muss auch ohne bestehende Internetverbindung möglich sein.
- Funktionieren alle Verweise, sind alle Zieladressen korrekt? Dazu ist es nötig, jeden Verweis anzuklicken.
- Gibt es von jedem Dokument aus einen Verweis zu einer Übersichtsseite, zumindest zur Startseite?

Wird das Projekt ins Internet hochgeladen, müssen diese Tests danach nochmals durchgeführt werden. Je nach Betriebssystem wird Groß- und Kleinschreibung von Dateinamen unterschieden, manchmal auch nicht. Außerdem können absolute Pfade (➡ W7) eventuell nicht mehr richtig sein und somit Bilder oder das Dokument der Zieladresse nicht mehr gefunden werden.

10.3 Projektmöglichkeit: Lösen einer Aufgabenstellung aus der Algorithmik

Beispiel

Um eine mögliche Vorgehensweise zu demonstrieren, soll ein Algorithmus für einen sogenannten Halbaddierer entwickelt werden. Das ist ein Bauteil in einem Computer, das zwei einstellige ganze Zahlen addieren kann. Als Ergebnis erhält der Halbaddierer die Einerstelle des Summenwerts, zusätzlich zeigt er an, ob es einen Übertrag gegeben hat. Die Umsetzung der Lösungsidee soll so erfolgen, dass nicht gerechnet wird. Diese Einschränkung besteht z. B. bei Robot Karol, bei dem keine Rechnungen möglich sind.

Beschreiben des Problems

Zunächst müssen sowohl die Ausgangssituation als auch die Endsituation exakt beschrieben werden. Dabei ist anzugeben, welche Größen in welchem Bereich frei wählbar sind und welche immer gleich sein müssen.

Ausgangssituation: Zwei einstellige, ganze Zahlen x und y können beliebig gewählt werden.

Endsituation: Gilt $x + y \leq 9$, so wird als Ergebnis $x + y$ angezeigt.
Gilt $x + y \geq 10$, so wird als Ergebnis $x + y - 10$ und ein Übertrag angezeigt.

Zur Lösung des Problems muss die Ausgangssituation schrittweise in die Endsituation überführt werden. Dabei kann es beliebig viele Zwischenstände geben.

Modellieren

Unter einem Modell versteht man ein vereinfachtes Abbild der Wirklichkeit, das alle für die Aufgabenstellung wichtigen Merkmale enthält. Es kann real existieren (z. B. als Automodell) oder nur gedacht sein.

Das vorliegende Problem kann zunächst auf einem Blatt Papier mit 18 kleinen, möglichst gleich aussehenden Gegenständen, z. B. Spielsteinen, Münzen usw. modelliert werden. Auf dem Papier zeichnet man für die beiden Summanden zwei Bereiche (z. B. Rechteck, Ellipse usw.), die x und y genannt werden. Sie müssen so groß werden, dass mindestens neun der Gegenstände dort Platz finden. Desweiteren zeichnet man einen Bereich E, der aus neun Zellen besteht, in denen jeweils ein Gegenstand Platz finden muss, und den Bereich $Ü$ ebenfalls für einen Gegenstand.

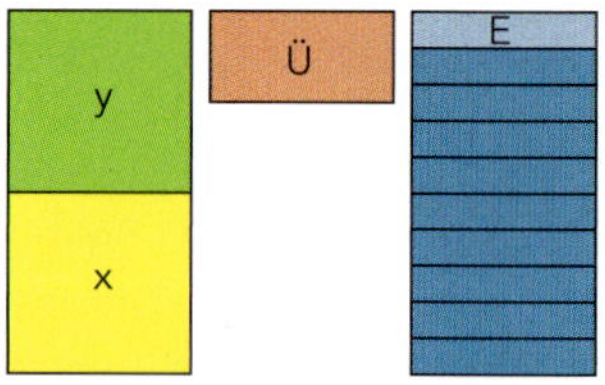

Ausgangssituation: In den Bereich x werden so viele Gegenstände gelegt, wie der Wert des Summanden x angibt. Entsprechendes gilt für y. Die Bereiche E und $Ü$ bleiben noch leer.

Endsituation: Gibt es keinen Übertrag, so bleibt der Bereich Ü leer und im Bereich E sind $x + y$ Zellen mit jeweils einem Gegenstand belegt.
Gibt es einen Übertrag, so befindet sich im Bereich $Ü$ ein Gegenstand und im Bereich E sind $x + y - 10$ mit jeweils einem Gegenstand belegt.

Zwischenüberlegung zur Machbarkeit:

- Bei der Addition zweier einstelliger ganzer Zahlen kann der Wert der Summe höchstens 18 sein, der Übertrag ist also entweder 0 oder 1.
- Die Einerstelle des Ergebnisses hat höchstens den Wert 9, so dass im Bereich E neun Zellen ausreichen.

Verarbeiten

Unter Verarbeiten versteht man in diesem Fall die Umsetzung des Modells in einen Algorithmus (➥ 9.1), der in einer formalisierten Sprache abgefasst ist. Dieser kann dann mithilfe einer Programmiersprache in ein Programm umgesetzt werden. Lösungsidee:

Umgangssprachliche Beschreibung	Formalisierte Beschreibung

Die Gegenstände in *x* werden nacheinander auf die Zellen in *E* verteilt. Ein Übertrag kann nicht entstehen, da *x* nach der Ausgangssituation höchstens 9 Gegenstände enthält.	`Wiederhole solange x nicht leer ist`
	`Entferne einen Gegenstand aus x`
	`Lege einen Gegenstand in die erste`
	`leere Zelle von E`
	`EndeWiederhole`

Die Gegenstände in y werden nacheinander auf die Zellen in *E* verteilt.
Sind in *E* alle Zellen belegt, so entferne alle Gegenstände aus *E* und lege einen Gegenstand in *Ü*.
Sind in *E* noch Zellen frei, so lege einen Gegenstand in die erste freie Zelle.
	`Wiederhole solange y nicht leer ist`
	`Entferne einen Gegenstand aus y`
	`Wenn E voll ist`
	`Entleere E`
	`Lege einen Gegenstand in Ü`
	`sonst`
	`Lege einen Gegenstand in E`
	`EndeWenn`
	`EndeWiederhole`

Interpretieren

Unter Interpretieren versteht man in diesem Fall, die Endsituation nach dem Programmablauf wieder im Sinne der Aufgabenstellung zu formulieren. Das heißt in diesem Beispiel:

Keine Marke: Die Rechnung ergibt keinen Übertrag. Die Anzahl der Ziegel in der Ergebniszelle muss dann die Summe der Ziegel in den Zellen für die Summanden sein.	Marke: Die Rechnung ergibt einen Übertrag. Die Anzahl der Ziegel in der Ergebniszelle muss dann die Summe der Ziegel in den Zellen für die Summanden minus 10 sein.
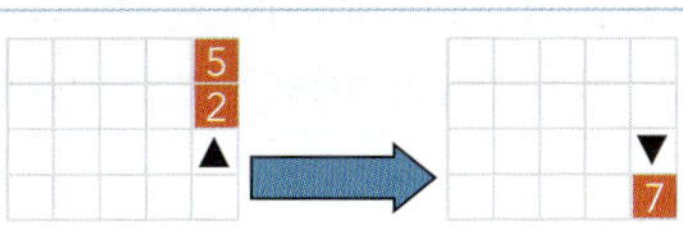 2 + 5 = 7 Es gibt keinen Übertrag.	 7 + 5 → 2 Es gibt einen Übertrag.

Validieren

Beim Validieren werden die Ergebnsisse, die der Algorithmus anhand des Modells liefert, wieder in die reale Welt übertragen. Dabei ist zu prüfen:

- Liefert das Modell bei *allen* erlaubten Ausgangssituationen die richtige Endsituation? Ist der Programmtext verständlich, d. h. enthält er sinnvolle Namen, sind die Einrückungen korrekt, enthält er genügend aussagekräftige Kommentare?
- Könnte das Problem nicht auch einfacher oder mithilfe eines anderen Modells erreicht werden?

Möglicherweise kann das Programm auch erweitert werden, z. B. auf einen Volladdierer, der auch mehrstellige Zahlen addieren kann.

Informatischer Problemlöseprozess

Die Beseitigung von Fehlern und mögliche Erweiterungen führen zu einer geänderten oder neuen Aufgabenstellung, so dass die gesamten Überlegungen neu durchlaufen werden müssen. Diesen Kreislauf bezeichnet man als informatischen Problemlöseprozess.

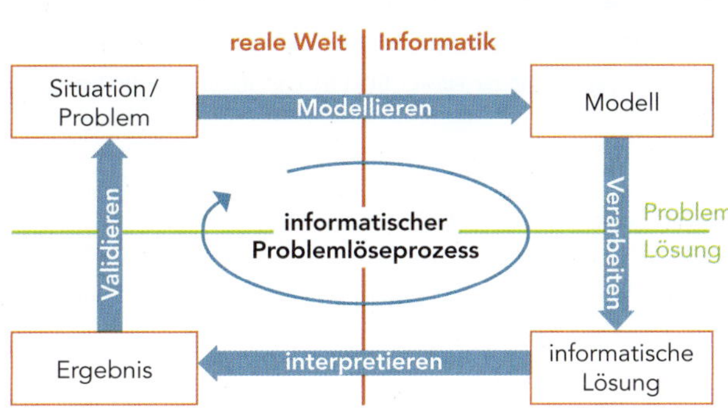

10.4 Projektmöglichkeit: Physical Computing mit dem Calliope mini

Calliope mini

Der Calliope mini ist ein kleiner Computer, der leicht programmiert werden kann. Er enthält bereits verschiedene Ein- und Ausgabegeräte auf der Platine, so dass keine Geräte angeschlossen werden müssen.

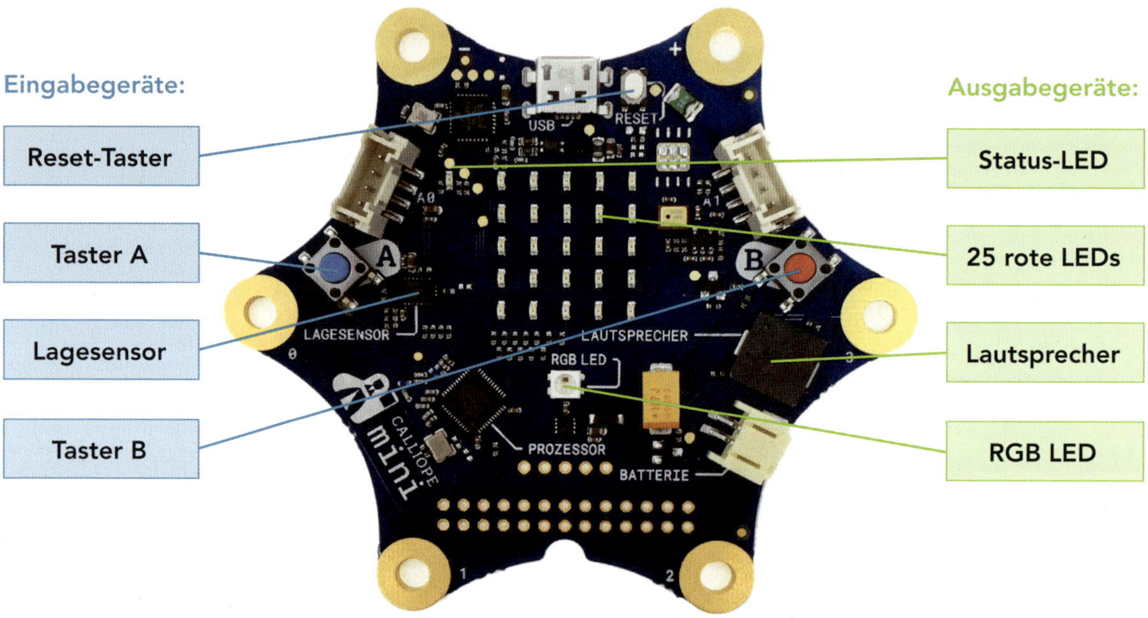

Die Stromversorgung erfolgt mit einer Batterie oder vom Computer aus über den USB-Anschluss (oben Mitte). Auf diesem Weg gelangen auch am Computer entwickelte Programme auf den Calliope.

Weitere Sensoren

Neben den oben genannten Eingabegeräten, auch Sensoren genannt, verfügt der Calliope mini noch über weitere:

- Die Anschlüsse (auch Pins genannt), die sich links, rechts und unten am Gerät befinden, können als weitere Taster verwendet werden.
- Der Kompasssensor bestimmt die Ausrichtung im irdischen Magnetfeld.
- Das Mikrofon registriert die Lautstärke von Geräuschen.
- Es gibt Zeitgeber, die gestartet und abgefragt werden können.
- Der Temperatursensor erfasst die Umgebungstemperatur.
- Der Lichtsensor erfasst die Umgebungshelligkeit.

Die LED-Matrix und die RGB-LED

Die 25 roten LEDs können beliebig ein- und ausgeschaltet werden. Damit lassen sich Bilder (in sehr geringer Auflösung), Buchstaben (auch Texte in Laufschrift) und kleine Animationen anzeigen.
Die RGB-LED kann in jeder Farbe leuchten.

Programmieren mit dem NEPO-Editor

Es gibt verschiedene Entwicklungssysteme, im Folgenden wird der NEPO-Editor von OpenRoberta vorgestellt. NEPO bietet ähnlich wie bei Scratch (➥ 9.3*) Skriptblöcke, die nach Kategorien geordnet sind. Im Skriptbereich befindet sich ein Startsymbol, an das nach unten die Skriptblöcke angeheftet werden können.

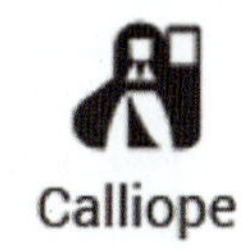

Da mit dieser Programmierumgebung auch andere Systeme programmiert werden können, muss zu Beginn durch einen Klick auf die rechts zu sehende Schaltfläche zunächst ausgewählt werden, dass mit dem Calliope gearbeitet werden soll, danach, welche Variante des Calliope vorliegt.
Es öffnet sich dann eine Programmierumgebung, die der von Scratch sehr ähnlich sieht.

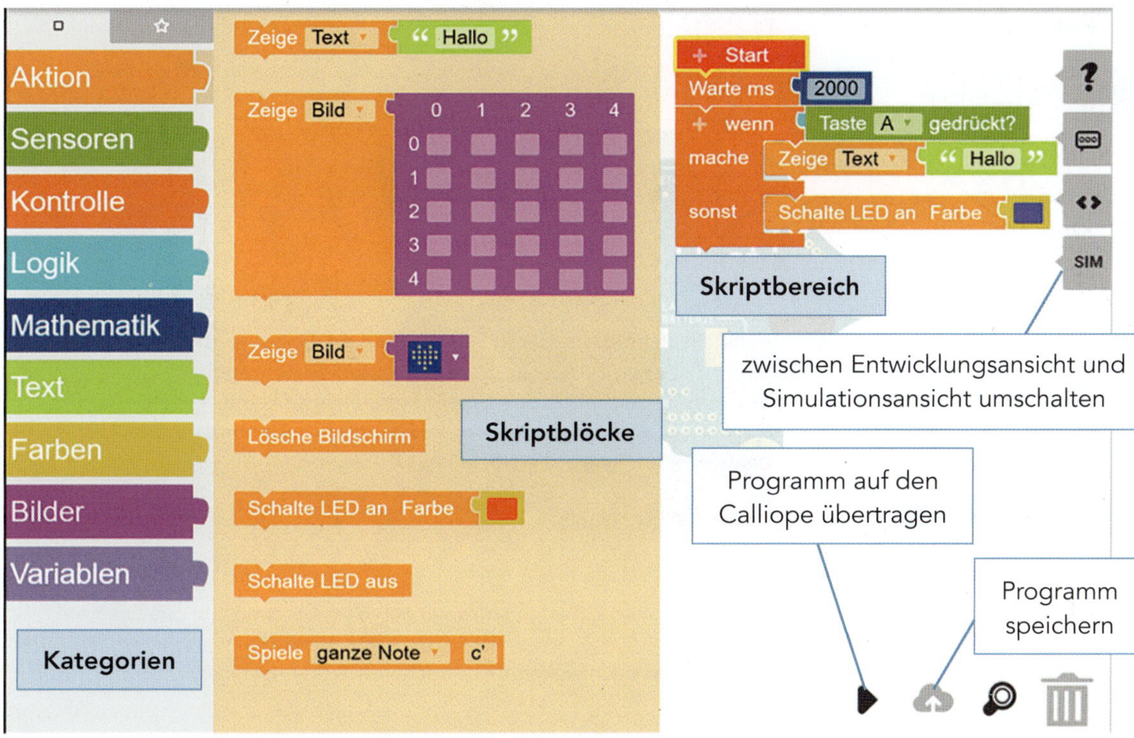

Programme entwickeln, testen und auf den Calliope übertragen

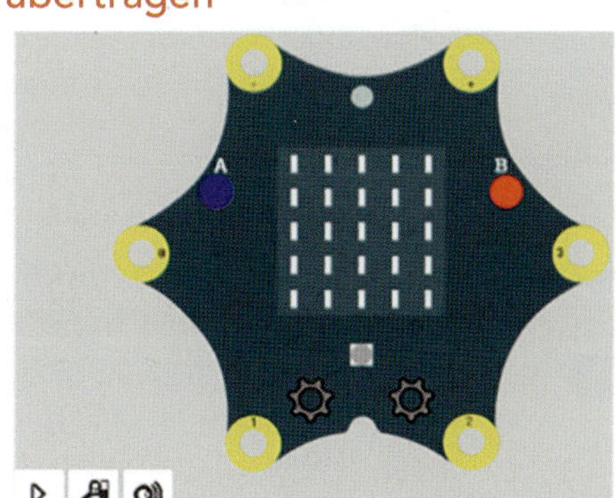

Der korrekte Ablauf des Programms kann mithilfe des Editors getestet werden, bevor man es auf den Calliope mini überträgt. Dabei erscheint eine symbolische Darstellung des Geräts, die Taster können angeklickt werden und das Programm läuft dann ab. Im Falle eines Fehlers wird der informatische Problemlöseprozess (➥ 10.3) neu durchlaufen. Dabei werden eventuelle Fehler beseitigt oder das Programm erweitert.
Ist das Programm korrekt, so kann man es auf den Calliope mini übertragen. Dazu verbindet man ihn mithilfe des beiliegenden Kabels mit dem Computer. Nach der Übertragung kann das Kabel abgezogen und der Calliope mit Batterien oder einem Netzteil mit Strom versorgt werden. Das Programm startet automatisch und läuft auch ohne Verbindung zu einem Computer auf dem Calliope ab. Ein Druck auf die Reset-Taste startet es neu.

Lösungen zu den Seiten „Am Ziel"

Lösungen zu „7.12 Am Ziel" – Seite 125

1 Auf den Knoten dürfen sich Spielsteine befinden, längs der Kanten dürfen sie bewegt werden.

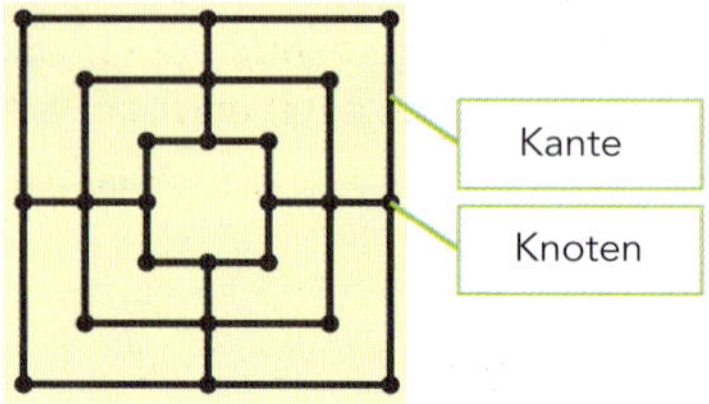

2

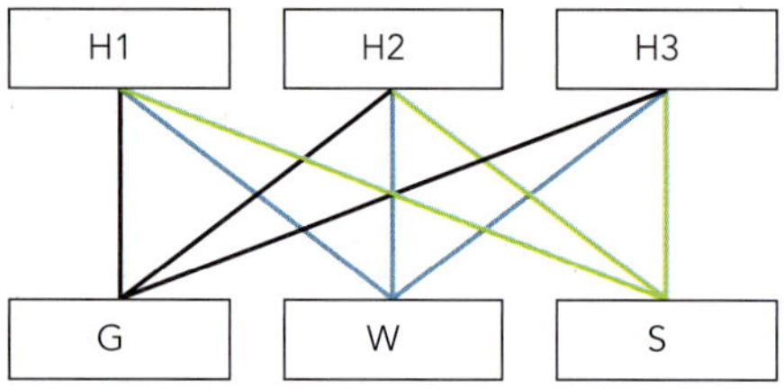

3 Ein Schüler (Client) schickt eine Nachricht zu einem anderen Schüler (Server). Dabei wird die Nachricht nicht direkt dem Empfänger übermittelt, sondern von Schüler zu Schüler (Router) weitergegeben.
Der Unterschied besteht darin, dass vom Server bei diesem Spiel normalerweise keine Nachricht zurück an den Client geschickt wird und die Schüler üblicherweise in einer Reihe sitzen. Somit müssen die Router nicht geeignete weitere Router auswählen, an die sie die Nachricht weitergeben.

4 a) z. B. Hut, geometrische Figur, Rolle (Walze, Scheibe)
b) weiterer Suchbegriff: Motor

5 a) Den kompletten Satz oder kürzere Versionen („Bienen sterben nach dem Stechen") in das Suchfeld einer Suchmaschine eingeben.
oder: In einem Onlinelexikon oder einem Buchlexikon beim Stichwort Biene nachlesen.
b) direktes Zitat:
„Es ist ein Irrtum, dass Bienen nach dem Stechen sterben."
Bergmann, Dieter u.a., Natur und Technik 7 – Schwerpunkt Informatik, Bamberg, C.C.Buchner Verlag, 2019
indirektes Zitat:
Bergmann meint, es sei ein Irrtum, dass Bienen nach dem Stechen sterben.

Lösungen zu „8.8 Am Ziel" – Seite 143

1 Das ist falsch. Ausnahmen sind in Kapitel 8.5 genannt.

2 **persönliches Gespräch, Telefon, Chat, Videokonferenzen**
Vorteile: Auf Aussagen kann sofort geantwortet werden, die Kommunikation verläuft somit sehr schnell.
Nachteile: Es müssen alle Teilnehmer gleichzeitig die Möglichkeit haben teilzunehmen, bei einem persönlichen Gespräch müssen sie sogar gleichzeitig am selben Ort sein.

3 abc

Vorteile: leicht zu merken, kann schnell eingetippt werden

Nachteile: enthält keine Ziffern und Sonderzeichen, zu kurz, zu leicht zu erraten

Hans13579

Vorteile: evtl. leicht zu merken, enthält auch Großbuchstaben und Ziffern

Nachteile: enthält keine Sonderzeichen, zu leicht zu erraten, wenn der Benutzer Hans heißt. Die Zahlenkombination sollte nur für den Benutzer eine Bedeutung haben, handelt es sich z. B. um sein Geburtsdatum (13.5.79), so ist das auch anderen Personen bekannt und somit erratbar.

HänschenKleinGingAllein

Vorteile: enthält auch Großbuchstaben, leicht zu merken

Nachteile: enthält keine Ziffern und Sonderzeichen, kann evtl. erraten werden, sehr viele Zeichen, dadurch schwierig und langwierig beim Eintippen, sollte noch durch absichtliche Fehler verfremdet werden (z. B. 1 statt i)

4 Tanja (und wenn sie jünger als 18 ist auch ihre Eltern) müssen schriftlich zustimmen. Sind auf Bildern größere Gruppen von Schülern zu sehen, so kann er sie verwenden.

5 Emre sollte darauf hinweisen, dass er ja auch schon viele Tore geschossen hat und ein wertvoller Spieler der Mannschaft ist. Berechtigte Kritik, dass der Elfmeter z. B. schlecht geschossen war, muss er akzeptieren, Beleidigungen oder gar Mobbing jedoch nicht. Dann sollte er z. B. beim sozialen Medium eine Löschung beantragen.

6 Auf der Kreditkarte ist die Kartennummer, evtl. auch Gültigkeitsdatum und Name deutlich zu lesen. Andere könnten mit diesem Wissen auf Kosten von Neles Vater einkaufen. Bildet er auch die Rückseite mit ab, so kann dort die Sicherungsnummer eingesehen werden. Auch die Unterschrift befindet sich dort, die ein Fälscher nachahmen kann.

Lösungen zu „9.12 Am Ziel" – Seite 185

1 Das ist richtig, wenn es sich um eine Wiederholung mit Bedingung handelt. Stellt sich Paul z. B. in die Mitte eine Zimmers und bekommt die Anweisung

```
wiederhole solange du nicht vor einer Wand stehst
    drehe dich um 90° nach rechts
EndeWiederhole
```

so müsste er sich endlos immer weiterdrehen, da die Bedingung ja immer erfüllt ist.

2 Das ist falsch. Es können auch mehrere bedingte Anweisungen ineinander geschachtelt werden, so dass es mehr als zwei Möglichkeiten gibt, z. B.:

```
wenn die Zahl größer null ist dann
    ist sie positiv
sonst
    wenn die Zahl kleiner null ist dann
        ist sie negativ
    sonst
        ist sie null
    EndeWenn
EndeWenn
```

3 Die Dosen können nebeneinander angeordnet werden (Hintereinanderausführung von Kontrollstrukturen) oder ineinander gestellt werden (Verschachtelung von Kontrollstrukturen).

4

wiederhole solange eingeschaltet
H/grün; N/rot
H/gelb; N/rot
H/rot; N/rot
H/rot; N/rot-gelb
H/rot; N/grün
H/rot; N/gelb
H/rot; N/rot
H/rot-gelb; N/rot

wiederhole bis ausgeschaltet
H/grün; N/rot
H/gelb; N/rot
H/rot; N/rot
H/rot; N/rot-gelb
H/rot; N/grün
H/rot; N/gelb
H/rot; N/rot
H/rot-gelb; N/rot

5

```
wenn Fußgängerampel vorhanden dann
    wiederhole solange Rot
        warte
    EndeWiederhole
    überquere die Straße
sonst
    wiederhole solange Straße nicht frei
        warte
    EndeWiederhole
    überquere die Straße
EndeWenn
```

6 a)

```
wiederhole 3 Mal
    Schritt()
*wiederhole
wiederhole 4 Mal
    RechtsDrehen()
*wiederhole
wiederhole 3 Mal
    Schritt()
*wiederhole
```

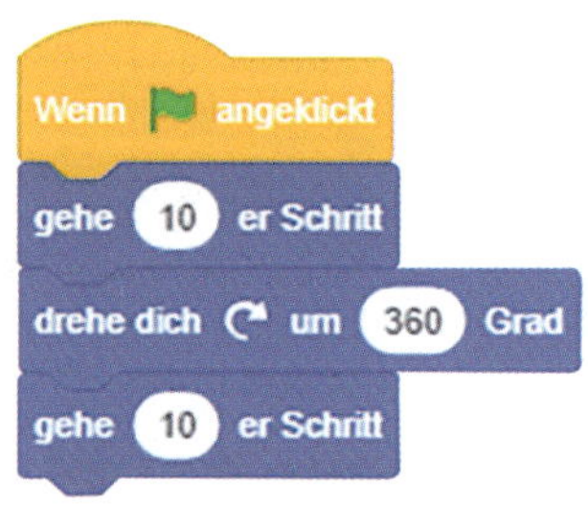

b)

```
wiederhole Immer()
    wenn IstMarke() dann
        RechtsDrehen()
    *wenn
    wenn IstZiegel() dann
        LinksDrehen()
    *wenn
    Schritt()
*wiederhole
```

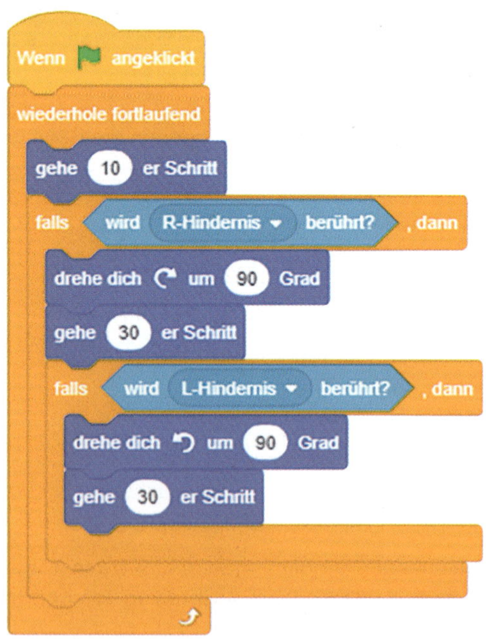

Stichwortverzeichnis

Bildnachweis

AdobeStock / boscorelli – S. 112 (2); - / mpix-foto – S. 131; - / mtkang – S. 189; - / Senoldo – S. 108; Alamy Stock Photo / Heritage Image Partnership Ltd, Fine Art Images – S. 113; - / Peter Hermes Furian – S. 105; Dieter Bergmann, Michelau – S. 164 (3); dpa Picture-Alliance / akg-images, Frankfurt – S. 102; - / epa, Angelika Warmuth – S. 134; - / Zentralbild, Thomas Eisenhuth – S 141; Fotolia / Julien Eichinger – Cover, Umschlagseite hinten; - / jagodka – W3; Getty Images Plus / DigitalVision, Photodisc – S. 136; - / Dorling Kindersley – S. 192; - / fotokostic – S. 166, 168; - / Hemera, Aliaksey Hintau – S. 113; - / Hemera, Nadiya Kravchenko – S. 128; - / iStockphoto, adisa – S. 105 (2); - / iStockphoto, aelitta – S. 134; - / iStockphoto, ALotOfPeople – S. 189; - / iStockphoto, Jacob Ammentorp Lund – S. 189; - / iStockphoto, andrewgenn – S. 130, 144; - / iStockphoto, asiafoto – W6; - / iStockphoto, aurielaki – S. 130; - / iStockphoto, bosshug – S. 130, 144; - / iStockphoto, coddy – S. 146; - / iStockphoto, Coldimages – W3; - / iStockphoto, Cunaplus, M. Faba – S. 146; - / iStockphoto, Designer_things – S. 132 (2); - / iStockphoto, Enjoylife2 – S. 108 (2); - / iStockphoto, evgenyatamanenko – S. 145; - / iStockphoto, gielmichal – W3; - / iStockphoto, Giniatulina – S. 144; - / iStockphoto, GraphicHead – W3 (2); - / iStockphoto, g-stockstudio – S. 139; - / iStockphoto, Highwaystarz-Photography – Cover, S. 127, 154, 156; - / iStockphoto, IconicBestiary – S. 128; - / iStockphoto, imtmphoto – W1; - / iStockphoto, jon11 – S. 146; - / iStockphoto, Jupiterimages – S. 114 (3), 126 (2); - / iStockphoto, leolintang – S. 127 ; - / iStockphoto, Dmytro Lialiuk – S. 143; - / iStockphoto, Lightcome – S. 130; - / iStockphoto, luckyraccoon – S. 162, 164; - / iStockphoto, marco3t – W6; - / iStockphoto, master1305 – S. 127; - / iStockphoto, michaeljung – W1; - / iStockphoto, microgen – S. 158, 160; - / iStockphoto, miklyxa13 – S. 111; - / iStockphoto, monkeybusinessimages – S. 136, 141, 144, 174, 176; - / iStockphoto / MR1805 – S. 112; - / iStockphoto, Nasared – S. 192; - / iStockphoto, Nastco – S. 141; - / iStockphoto, NicoElNino – S. 189; - / iStockphoto, nidwlw – W1 (2); - / iStockphoto, PaSta77 – S. 110; - / iStockphoto, pxel66 – S. 136, 144; - / iStockphoto, RankoM – S. 124; - / iStockphoto, scanrail – S. 128; - / iStockphoto, shironosov – S. 134; - / iStockphoto, SiberianArt – S. 132; - / iStockphoto, siiixth – S. 132, 144; - / iStockphoto, slovegrove – W6 (6); - / iStockphoto, stabhy – S. 116; - / iStockphoto, Sylverarts – S. 141; - / iStockphoto, thinkomatic – S. 108; - / iStockphoto, United Archives – S. 111; - / iStockphoto, vadimguzhva – S. 145; - / iStockphoto, vectorplusb – S. 128; - / iStockphoto, visivasnc – S. 145; - / iStockphoto, vvvita – S. 119 (2); - / iStockphoto, Wavebreakmedia – S. 145; - / iStockphoto, Wavebreakmedia Ltd – S. 128; - / iStockphoto, Wavebreak Media Ltd – W1 (2); - / iStockphoto, WendellandCarolyn – S. 135; - / iStockphoto, WestLight – S. 185; - / iStockphoto, Alexander Yakovlev – S. 113; - / iStockphoto, yelet – S. 144; - / Stockbyte, Comstock Images – S. 170, 172; - / Stockbyte, Thinkstock Images – S. 136; - / Wavebreak Media Ltd – S. 127; iStockphoto / Sergei Korolko – W2; - / Aldo Murillo – S. 113; - / Natural Warp – S. 123; Pixabay – S. 108 (4), 113, 126 (4); - / mmi9 – S. 192; www.wikimedia.org – S. 112; www.wikimedia.org / Jorn Alraun, CC BY-SA 4.0 – S. 196, 197; www.wikimedia.org / Elmbis, CC0 – S. 125, 198

Scratch, Version 3.0:
Scratch is a project of the Scratch Foundation, in collaboration with the Lifelong Kindergarten Group at the MIT Media Lab. It is available for free at https://scratch.mit.edu.

Robot Karol, Version 3.0, Ulrich Freiberger:
www.mebis.bayern.de/infoportal/faecher/mint/inf/robot-karol/ – S. 150, 151, 154, 155, 158, 159, 162, 163, 166, 167, 170, 171, 174, 175, 178, 179, 182, 183, 186, 187.